Caminando en el Paseo de Memorias

Walking the Walk of Memories

Caminando en el Paseo de Memorias

Walking the Walk of Memories

GABRIEL HERNÁNDEZ LÓPEZ

Colaboración en la redacción en inglés de Walene White.
Diseño de portada de Cibelle C. Hernández.

Para pedidos de copias adicionales de este libro,
por favor contacte con:
Palibrio
1663 Liberty Drive
Suite 200
Bloomington, IN 47403
Gratis desde EE. UU. al 877.407.5847
Gratis desde México al 01.800.288.2243
Gratis desde España al 900.866.949
Desde otro país al +1.812.671.9757
Fax: 01.812.355.1576
ventas@palibrio.com
407705

Índice / Table of Contents

Prólogo

uchas veces soñamos con un regreso a los días cuando la vida nos brindaba momentos de dulces imágenes vivas. Cada uno de esos días se grabó como una foto en nuestra memoria mejor que un diario que archiva sus noticias y conserva la historia a futuras generaciones. Quisiéramos esculpir nuestros propios acontecimientos, aun mejor, eternizarlos como si constantemente los viviéramos. Nuestras memorias son regalos de la vida o la vida misma; no son sueños porque es tiempo transcurrido, realidades que no se confunden con fantasías, porque lo fantástico sería querer vivirlas nuevamente; de conseguirlo, reuniríamos nuevas memorias. Un regreso a la niñez en un pensamiento concreto es casi imposible y depende de cómo definimos la niñez. Jesucristo enseñó la importancia de un nuevo nacimiento y de ser como un niño en el cual no hay maldad, un nuevo nacimiento e infancia espiritual. Recordar es vivir, pero pienso que vivimos para recordar, aun nuestras tareas requieren aprendizaje que a la vez demanda memorizar.

Con mis artículos intento abrir una puerta a nuestras memorias y unirlas en secuencia para vivirlas, guardarlas y usarlas en futuros eventos.

El mundo cambia rápidamente, pero busco mis memorias y las visto con un traje nuevo sin ignorar mis valores; así conservaré un principio antiguo modificado.

Con gracia y paciencia doy forma no solo a mis ideas, también a mis pensamientos para caminar en un paseo de memorias.

Preface

Many times we dream to return to the days when life gave us moments of sweet vivid images. Each of those days was recorded as a picture in our memory in a better way than a newspaper that files its news and keeps the story for future generations. We would like to carve our own events, better yet, to perpetuate them as if we were living them constantly. Our memories are gifts of life or life itself; they are not dreams because it is time elapsed, realities that are not confuse with fantasies, because fantasy would be want to live them again. If we could achieve this, we would gather new memories. A return to childhood in a particular thought is almost impossible and it depends on how we define childhood. Jesus Christ taught about the importance of a new birth and how to be like a child who has no evil, a new spiritual birth and childhood. To remember is to live, but I think that we live to remember, yet our tasks require learning that at the same time demands memorizing.

My intention with my articles is to open a door to our memories and to join them in sequence to live them, save them and use them in future events.

The world is changing quickly, but I look for my memories and dress them in a new suit without ignoring my values; thus I will maintain a modified old principle.

With grace and patience I shape not only my ideas but also my thoughts, to walk on a walk of memories.

Una Ilusión

Te busco desesperadamente sin pensar que ya no estás;
no concibo que te has marchado para nunca regresar.
No, aún estás presente en mi vida,
te veo en cada momento de mi soledad;
me hablas y respondo...
Y no pierdo la esperanza de volver a tenerte a mi lado.
Alimento constantemente mi esperanza
cuando te canto y declamo los versos
escritos por la musa inspiradora de tus besos
y tus brazos cautivándome en tu ser
pues aún vive una ilusión.

An Illusion

I look desperately for you although you're already gone
It's hard to understand that you left to never return.
No, you're still here in my life,
I can see you in every moment of my loneliness;
you talk to me and I answer...
And I do not lose the hope to have you again by my side.
I constantly feed my hope
when I sing to you and recite the lines
written by the inspiring music of your kisses
and your arms captivating me in your being
since an illusion still lives.

Revivir & Despertar

Revivir, despertar en un dulce amanecer
donde se confunde Cielo y Mar...
...y el Sol termina su baño en las azules aguas
para elevarse al firmamento.
Como la lluvia atraviesa cafetales,
atraviesan su luz pencas de palmas;
mientras melodiosamente mares
cautivan paraísos terrenales.
La brisa sopla, refresca el panorama
y nos anuncia un principio en la mañana,
arranca el polen de las flores
y lo transporta a unas tierras solitarias,
convirtiéndose en padre de un jardín bastardo.
Rueda por la tierra y se calienta;
se eleva al Cielo para refrescarse;
mientras se aleja el Sol a toda prisa
buscando un chapuzón en otros mares.
La Luna sube o baja la marea
retorna nuevamente el viento fresco,
regresa a su punto de partida para
impulsar las velas de la barca
que zarpa desde el puerto hacia otros rumbos.

To Revive or to Wake up

To revive, to wake up in a sweet dawn
where Heaven and Sea are confused...
and the Sun finishes its bath in the blue waters
to rise to the sky.
As the rain passes through coffee plantations,
palms stalks go through its light;
as the seas melodiously
captivate earthly paradises.
The breeze blows, cooling the view
and tells us about a beginning in the morning,
picking up the pollen from the flowers
and taking it to solitary lands,
becoming the father of a bastard garden,
It rolls by the ground and heats up;
it rises to Heaven to cool up;
as it moves away from the Sun in a hurry
looking for a dip in other seas.
The Mon rises or lowers the tide
the cool wind returns again,
it returns to its starting point
to drive the boat sails
which sets sail from the harbor towards other directions.

Bienaventurado el que Llora

Tomé el arado y enyugué mis bueyes;
empeñé todas mis fuerzas;
mis manos sangraron de tanto esfuerzo...
¿Y para qué? No fui merecedor de un salario.
Lloré mas no desmayé, continué mi tarea...
...esperé las lluvias de mayo, revolqué la tierra
pero los surcos no eran muy profundos
y se secó la cosecha.
No desmayé, perseveré,
di lo mejor de mi ser,
todo mi amor, pero llegó el invierno
y nada segué;
así fue mi salario.
Mendigué puerta por puerta miserablemente...
miserable fui hasta la primavera
cuando regresó la lluvia,
mi Señor abrió la ventana de los cielos
y derramó bendición y vida en abundancia.

Blessed is the One that Cries

I took the plow and yoked my oxen;
I did my best;
my hands bled due to the effort...
And for what? I was not worthy of a salary.
I cried but not fainted, I continued my task...
...I waited for the rains of May, I rolled over the Earth
but the furrows were not very deep
and the harvest dried out.
I did not faint, I will persevere,
I gave the best of my being,
all my love, but winter came
and nothing was reaped;
and so was my salary.
I beg door to door miserably...
miserable I was until Spring
when the rain came back,
my Lord opened the door to Heavens
and He spilled blessing and life in abundance.

Letras

Convertimos nuestra alianza en una larga quimera
que nos convirtió en un cuento con un título inconcluso.
No logré expresar las vivencias infinitas...
Pienso en la angustia que ocasionó un triste penar
por la ausencia de tu ser que un día partió de mi lado
a rumbos desorientados donde la brújula no apunta
pues agotaste el magneto del norte de tu vida.
Solo letras confirman el olvido...

Olvido, olvido, tal vez descuido
por no pensar ni meditar
que como onda te alejabas
y abandonabas riquezas acumuladas por años
con lo mejor de mi esfuerzo.
Agobiado por el abandono injusto,
cerré mi corazón como telón de un teatro...
Solo letras confirman el olvido...

Letters

*W*e turn our partnership into a long chimera
hat turned us into a story with an unfinished title.
I could not express the endless experiences...
I think of the anguish that caused a sad suffering
due to the absence of your being that one day left me
and went towards disoriented directions
where the compass does not point at
because you wore out the magnet of
the northern part of your life
Only letters confirm the oblivion...

Oblivion, oblivion, perhaps carelessness
for not thinking nor meditating
that you were moving away as a wave
and leaving behind the wealth accumulated for years
with the best of my efforts.
Overwhelmed by the unfair abandonment,
I closed my heart as a theater curtain...
Only letters confirm the oblivion...

Un Presente

Cuánto quisiera agradar,
de la forma más bonita
y de la más exquisita,
a mi Dios su paladar.

Debo entregarle un presente
con amor y reverencia
después de una larga ausencia
ante el Creador clemente.

Le entregaré una postal
con la mejor alabanza
aunque mi bondad no alcanza
lo que nos dio en un portal,
concilió nuestra equidad
con su primer Navidad.

A Present

How much would I like to please,
in the most beautiful way
and the most exquisite one,
the palate of my God.

I shall give Him a present
with love and reverence
after a long absence
to the merciful Creator.

I will give Him a postcard
with the best praise
although my kindness is not enough
what was given to us in a portal,
reconciled our equity
with its first Christmas.

Alfa y Omega

❖

Una materia inmortal no tiene envejecimiento
ya que los años no existen para ocasionar tormento.
¿Quién podrá contar los años de las almas inmortales?
Un día es como mil años perfumados en rosales...
¿Dónde estaba el inmortal antes de su nacimiento?
Es un enigma infinito y miro hacia el firmamento,
paisajes que testifican la creación de unas manos
que construyeron la casa para habitar como hermanos.
Es el Principio y el Fin, sin duda se manifiesta
ya que el firmamento mismo anuncia su gran proeza.
Para aquel hijo de Dios ¿qué es hoy, ayer o mañana?
Pues el Señor nos brindó un alma inmortalizada
para vivir una vida donde no existe un lugar,
comparado a lo antes visto, que nadie podrá igualar.
No hace falta una promesa pues su amor es suficiente
pues siempre busco la sombra de mi Dios Omnipotente.

Alpha and Omega

An immortal matter does not age
since the years to cause torments do not exist.
Who will be able to count the years of the immortal souls?
A day is like a thousand years perfumed with rosebushes...
Where was the immortal before his birth?
It is an infinite enigma and I look at the sky,
landscapes that testify the creation of some hands
that built the house to live as brothers and sisters.
It is the Beginning and the End undoubtedly manifested
since the sky itself announces his great feat.
For that son of God, what is today, yesterday or tomorrow?
Because the Lord gave us an immortalized soul
to live a life where there is no place,
compared to what was seen before, that
no one will be able to equalize.
There is no need of a promise because his love is enough
so I always look for the shadow of my Almighty God.

¿Quién Eres?

*I*maginación ¿dónde estás?
desperté y no te encuentro,
un día despiertas muy de prisa
aunque en mis sueños apareces.
¿Acaso no descansas?
Cuéntame tus planes
y dime: ¿a dónde nos dirigimos?
Recuerda que yo escojo el camino,
ya que tú sueñas despierta y a veces ciega;
mejor para ambos que tome las riendas
para no llegar a una salida tenebrosa
o talvez a un callejón sin salida
donde las fieras nos devoren.
Posees un gran océano de ideas
donde navegas siguiendo tu propio faro...

...ni el submarino se sumerge a tu fondo
tampoco la brújula apunta las coordenadas...
formas tu propio horizonte
marcando esa línea visible
donde las ideas no concluyen.
Intento seguir tu paso mas vas velozmente.
Tienes múltiples voces que suenan
a compases variados y en contrapuntos;
tiñes con colores que nunca existieron
creando tu propio arcoíris;
perfumas con aromas no reconocibles;
creas los sabores en cada manjar;
le das forma al Mundo a tu antojo,
friccionando, derritiendo, congelando...
¿Quién eres?
¿Acaso el sexto sentido?

Who Are You?

Imagination, where are you?
I woke up and I cannot find you,
some day you wake up in a hurry
though in my dreams you appear.
Don't you rest?
Tell me your plans
and tell me: where are we heading to?
Remember that I choose the way,
since you daydream even blind sometimes;
it is better for both if I take the reins
so we don't get to a dark exit
or maybe to a blind alley
where the beasts may devour us.
You own a great sea of ideas
where you sail following your own lighthouse...

...neither the submarine dives deep down in you
nor the compass points out the coordinates
you create your own horizon
defining that visible line
where ideas do not conclude.
I try to follow your step more quickly.
You have multiple voices sounding
in varied times and in counterpoints;
you dye with colors that never existed
creating your own rainbow;
you perfume with unrecognizable fragrances;
creating flavors in every delicacy;
you shape the World as you please,
rubbing, melting, freezing...
Who are you?
Perhaps the sixth sense?

Hoy Quiero que me Ayudes a Soñar

Hoy quiero que me ayudes a soñar
sin alejarnos del lugar
donde quisiéramos estar
sin acercarnos a este Mundo pervertido.
Porque debemos arrancar
malos recuerdos sin pensar
en compromisos de los días convividos.
Aun la opinión de un consejar
no lograría conciliar
la triste nota de un amor incomprendido.
Hoy quiero que me ayudes a soñar
buscando metas sin cesar,
las amarguras superar
y nuestras penas olvidar
ya que ninguno quiere estar comprometido,
a aquel final sin consagrar,
pues nos juntamos sin jurar,
para sellar todos los días convividos.

Today I Want You to Help Me Dream

oday I want you to help me dream
without moving away from the place
where we would like to be
without getting closer to this perverted World.
Because we must tear out
bad memories without even thinking
of commitments of the days we lived
Even so the opinion of an adviser
would fail to reconcile
the sad note of a misunderstood love,
Today I want you to help me dream
continuously looking for goals,
to overcome the bitterness
an to forget our sorrows
Since no one wants to be committed,
to that end without enshrining,
since we got together without swearing,
to seal all the day we lived.

¿Por Qué me Preguntas Porqué?

Acaso no notas
que por ti enfermo y perezco...
Mis sentimientos secan el río
que refrigera mi alma
para evitar que la angustia marchite mi esperanza.
Y es que por ti muero angustiado,
mas no cansado de amarte.
Espero con paciencia y envejezco,
mis ojos fatigados ya se cierran
pues me enfoco hacia tu llama que me ciega.
No me pidas que no siga tus pisadas
pues me pierdo en este bosque de fantasías.
Muero sin lograr ver ese día
en que me digas sí,
para adorarte, tenerte y amarte.

Why Do You Ask Me Why?

*C*an't you see?
that for you I get sick and perish...
My feelings dry the river...
that refrigerates my soul
to avoid anguish from fading away my hope.
And that's because for you I die distressed,
but not tired of loving you.
I wait patiently and grow old,
my tired eyes are already closing
since I focus on your blinding flame.
Do not ask me not to follow your footsteps
because I get lost in this forest of fantasies.
I die failing to see that day
when you tell me yes,
to worship you, have you and love you.

La Rosa más Querida

Cada día crece la rosa del amor
que cultivamos en el campo de la vida,
nos recompensa con perfume que liquida
las impurezas que condenan el dolor.

La luz perpetua de cariño le dio vida
como compone la canción el cantautor,
que reconoce el beneficio del amor
depositando su canción en cada hendida.

No subestimes la bondad de ese clamor
como quien piensa que la causa está perdida.
Que la esperanza no la ves, está escondida
en el anuncio de la voz de un trovador
el cual pregona una alabanza compungida,
como la rosa de un buqué, la más querida.

The Dearest Rose

Each day the rose of love grows
the one we grow in the field of life,
it rewards us with a perfume that finishes with
the impurities condemning pain.

The perpetual light of love gave it life
as the singer writes in his song,
that recognizes the benefit of love
placing his song on each crack.

Don't underestimate the goodness of that cry
as someone who thinks that the cause is lost.
That you cannot see hope, it is hidden
in the announcement of the voice of a troubadour
who proclaims a contrite praise,
as the rose of a bouquet, the dearest one.

Mi Niñez

Desde mis días de infancia
recluté muchos amigos...
Me buscaban en mi estancia
en días que la ignorancia
nos permitía con bríos
retozar con otros críos.

Supe que no hay diferencia
en ser amigo o hermano,
ya que existe la presencia
de un buen apretón de manos,
pues el amor es la esencia
que nos une mano a mano.

Toda la calle era nuestra
mientras íbamos creciendo
y la vecindad era inmensa
pues no existía el comercio
que a las barriadas descentra
como molino, exprimiendo.

Nuevos mundos explorar
fue la mayor ambición;
sentados en un mirador
intentábamos contar
una gran revelación
fantástica y sin igual.

Los monstruos tomaban vida
en nuestras conversaciones
por eso había pesadilla
y desvelos en las noches;
nos sonaba la rodilla
pues los sueños son visiones.

Subir a puntos más altos
era lo más divertido...
como cabrito y sus saltos
y también con su berrido
subíamos como heraldos
sin caballos, mas con brío.

La charca era divertida...
...había múltiples de ellas,
después de nuestra salida
de nuestra querida escuela
dábamos una corrida
al charco de la arboleda.

Nadábamos un buen rato;
regresábamos volando
y me quitaba el zapato...
...nadie me sentía andando
silencioso como un gato
que regresa merodeando.

Era una fiera feroz
a la hora de la cena
pues tenía un hambre atroz
capaz de comer tachuelas
y la montaña de arroz
la devoraba sin pena.

Mi Madre se preguntaba,
¿de dónde tanto apetito?
Y es que yo me ejercitaba
nadando cerca al Barrito...
y mi Madre se expresaba
como quien dice ¡ay, bendito!

La quebrada de los muertos
era casi navegable
en San Antonio era el puerto
de aquellos moldes flotantes
usados para concreto,
era un kayak transitable.

El agua era cristalina...
pescábamos camarones
también la rica lubina,
¡qué fuente de diversiones
la quebrada proveía
en todas las estaciones!

No compararé mi infancia
con los juegos de video
ni los cuentos en mi estancia
por todo filme que veo.
¿Será que está en decadencia
esta sociedad hecha hielo?

Mi infancia fue fascinante
y quisiera hacer consciencia
a todos aquellos infantes
que están en la adolescencia
con voces de redoblante
constante anuncien su esencia.

My Childhood

*S*ince my childhood days
I recruited many friends...
They looked for me in my room
in those days in which ignorance
vigorously allowed us
to frolic with other kids.

I knew there is no difference
between being a friend or brother,
since there is the presence
of a good handshake,
because love is the essence
joining us hand in hand.

The whole street was ours
as we were growing up
and the neighborhood was huge
since there was no trade
which knocks the neighborhoods off-center
as a squeezing mill.

To explore new worlds
was the greatest ambition;
sitting in a gazebo
we tried to tell
a great revelation
fantastic and unique.

Monsters came to life
in our conversations
that's why there were nightmares
and sleeplessness every night;
our knees sounded
since the dreams are visions.

To climb up high
was the most fun...
as a kid and its jumps
and with its bellowing as well
we climbed as heralds
without horses, but with spirit.

The pond was fun...
...there was a lot of them,
after we got out
of our dear school
we run towards
the puddle of the grove.

We swam for a while;
we came back flying
and I took off my shoes...
...nobody heard me walking
quiet as a cat
I came back prowling.

I was a ferocious beast
when it was time for dinner
since I was extremely hungry
able to eat tacks
and the mountain of rice
was devoured without sorrow.

My Mother wondered,
where did that appetite came from?
And it was because I exercised
swimming close to the mud...
and my Mother expressed herself
so to speak oh, good God!

The ravine of the dead
was almost navigable
in San Antonio was the port
of those floating molds
used for concrete,
it was a passable kayak.

The water was crystal clear...
we used to fished shrimp
delicious bass as well,
how many amusements
did the ravine provided
in every season!

I will not compare my childhood
to video games
or the stories in my room
for every movie I see.
Could it be that it is in decline
this society made of ice?

My childhood was fascinating
and I'd like to build awareness
to all those kids
that are teenagers
that with rolling voices
constantly announce their essence.

Amor y Paz

*S*i le reclamara al mar las lágrimas derramadas
por el dolor provocado por la violencia en el Mundo,
inundarían desiertos.
Si le reclamara al Sol llamas de amor perdido
de aquellos que infunden odio,
derretirían los polos.
Mas cuando el hombre comparta su pan con otros...
Bendiga al que lo maldice...
Cambie su mejilla al que lo abofetea...
El amor refrescará como un manantial hermoso
y la paz alumbrará nuestras noches de reposo.

Peace and Love

*I*f I claimed the sea every teardrop shed
for the pain caused by the violence in the World,
they would flood deserts.
If I claimed the Sun flames of lost love
from those who instill hate,
they would melt poles.
But when men share their food with the rest...
Bless those who curse them...
Turn the other cheek to that who slaps them...
Love will refresh them like a beautiful spring
And peace will illuminate our restful nights.

El Hotel del Pueblo

«Goyín, ábreme la puerta que yo trabajo mañana»,
le decía Cabrerita a su esposa en la ventana.
«A esta casa no entras cuando llegues a estas horas,
además estás borracho», le respondía furiosa.

Se fue a la Cárcel Chiquita buscando dónde dormir...
Y le pidió al carcelero si lo podía admitir.
«Bate, ábrame la celda que Goyín está bien brava
y debo pasar la noche para trabajar mañana».

En la única galera se acomodó en una cama,
se quedó en ropas menores como si durmiera en casa...
...encendió su cigarrillo y durmió como un lirón
sin percatarse que en llamas se le incendiaba el colchón.

Uno de los confinados sin encomendarse a nadie
trajo el cubo con el agua y se la tiró en el catre.
Despertó violentamente de aquel sueño tan profundo
ya que estaba perturbado con el baño de Facundo.

Muy temprano de mañana mi Padre arribó a la cárcel
para analizar los daños y al superior reportarle...
...el colchón que Cabrerita quemó con el cigarrillo,
mas el huésped quedó ileso de todo lo acontecido.

Muchos usaron la cárcel como gran hospedería,
después que se emborrachaban en la calle se dormían...
...la Policía arrestaba a aquel tirado en el suelo
así que el desamparado tenía asilo en el pueblo.

Recuerdo en aquellos días, me dijo mi hermano Goyo:
«¿A dónde vas a almorzar?», con una cara de gozo...
«¿No sabes que Juan el Lana cayó en la cárcel de nuevo?
»Vámonos para la cárcel que ya casi está el almuerzo.»

Juan el Lana era el Maestro de la fonda *Aquí me Quedo*,
y tomaba vacaciones en cárcel, de cocinero...
Los guisos que preparaba nunca los podré olvidar,
y aquel mondongo exquisito nadie lo podrá igualar.

A Gavino y el Novillo jamás nunca olvidaría;
fueron clientes bien fieles a esta gran hospedería.
No le hicieron daño a nadie, no robaron ni mataron
diz que alteraban la paz cuando gritaban borrachos.

Ningún preso se escapaba y su conducta excelente,
el portón estaba abierto proveyendo un buen ambiente...
Recuerdo mi bicicleta que estaba en un calabozo,
cuando cumplió sus seis meses la esperé con mucho gozo.

El libro de récords Guinness debería mencionar
la única bicicleta que a la cárcel fue a parar...
injustamente por culpa del ciclista temerario
que recorría las calles por todo aquel vecindario.

También fue la confinada de la más larga condena
ya que todo castigado cumplía hasta un mes de pena.
Se debe hacer un reencuentro de todo aquel buen cliente
que se albergó en el hotel pues todos son buena gente.

The Town Hotel

«Goyín, open the door! I work tomorrow!»
Cabrerita said to his wife from the window.
«I do not let you in when you come this late,
besides, you are drunk,» she replied angrily.

He went to Carcel Chiquita looking for a place to stay...
And he asked the jailer if he could stay.
«Bate, open the cell! Goyín is really angry
and I have to spend the night here to work tomorrow.»

At the ward he found a bed and lay down,
as if he was at home, he stayed in his underwear...
...he lit his cigarette and slept like a dormouse
without noticing his mattress was burning in flames.

One of the prisoners, without even thinking about it,
brought the bucket with water and threw it on the bed.
He violently woke up from such a deep dream
as he was disturbed by Facundo's action.

Early in the morning my father arrived at the prison
to see the damage and report it to the superior...
... only the mattress Cabrerita burned with his cigarette,
because the guest himself came out
unharmed from the whole situation.

Many used the prison as a perfect hostel,
After getting drunk they fell asleep in the street...
... the Police arrested those who were lying on the ground
thus, the homeless had a place to stay in the town.

I remember one of those days, my brother Goyo told me:
«Where are you having lunch? », with joy in his face...
«Don´t you know Juan el Lana was arrested again?
Let´s go to the prison. The lunch is almost ready. »

Juan el Lana was the Master of the restaurant Aquí me Quedo,
and he had a break from work at the prison, as a cook...
I will never forget the stews he made,
and that exquisite tripe no one will be able to match.

Never in my life I would forget Gavino and Novillo;
they were clients certainly faithful to this great hostel.
They didn't hurt anybody, nor stole or killed
they disturbed the public order when
they shouted while being drunk.

No prisoner would escape and their behavior was excellent,
the gate was open, which created a good environment...
I remember my bicycle in a cell,
when it paid its six months I waited full of joy.

The Guinness World Records should mention
the only bicycle that unjustly went to prison...
for the reckless cyclist fault
who travelled round that neighborhood streets.

It was also the prisoner with the longest sentence
as any prisoner served one month maximum.
A reunion including all those good clients who
ever stayed in the hotel must be done
as they are all good people.

Humacao

¿Pudiésemos ser capaces de tornar a nuestro pueblo,
encontrar la huella fresca de la niñez y el pasado,
repasar toda memoria pensando en que nunca erramos
para revivir momentos del ayer que ya alzó vuelo?

Todos los días revivo mi anhelo de regresar
a la cuna tan preciada que me dio tiempos de vida.
Recreo los viejos tiempos con amigos de la esquina
cuando podíamos vernos para poder escapar.

El Placer era el lugar donde jugábamos todos;
corríamos tras las cañas que los vagones portaban
para saborear el néctar que tanto nos deleitaba,
aunque Pablo el capataz terminara disgustado.

Tenía un ojo de halcón y un corcel dócil, gigante,
un látigo de tres yardas que con gracia lo explotaba
girándolo con su porra y con fuerza lo jalaba
al punto que al explotarlo hacía correr al más grande.

El enfadarlo era un reto, el deporte de las tardes,
jugábamos simplemente a El gato cogió al ratón,
corríamos velozmente juntos como un pelotón,
pues las carreras de Pablo de nuestra infancia eran parte.

El Pueblo estaba rodeado de grandes cañaverales;
casi no existían parques para poder divertirnos,
montábamos en vagones para lejos poder irnos,
viajando de polizones, viajeros muy especiales.

Los domingos en las tardes el día del chapuzón...
Al Pueblito de los Perros, por tres millas caminamos,
donde estaba la represa de un ingenio abandonado...
...pues existían piscinas solo para el ricachón.

En la Barriada Maunez cogíamos un atajo,
era bueno y divertido, el Callejón de los Gatos,
hacíamos mucho ruido corriendo por cada lado...
hasta el puente Río Mariana, en la plaza de caballos.

Goyo Ríos no faltaba un domingo en sus reuniones,
tampoco su común frase, «los huesos...» que era costumbre
como si fuera un saludo a toda la muchedumbre
que bajaba con sus bestias hasta del Barrio Montones.

Después de caminar tanto, llegábamos a un último tramo;
era el último camino en otro cañaveral
y sin que Pablo nos viera, la última hazaña, saltar...
porque Pablo el capataz cuidaba la zona como amo.

Regresábamos andando de un viaje bien divertido,
mas mis Padres se enteraban de todas nuestras hazañas,
que a los jóvenes divierten y a los adultos espantan,
pues el vecino era un chota de todo lo que había visto.

No todo era divertido, también presenciamos desgracias.
Por tres pesos y un menudo perdió la vida Juan Yarda;
cruzábamos Patagonia cuando el ladrón escapaba,
Juan defendiendo el menudo, el pobre, murió en desgracia.

Un día mientras corría tras el último vagón
Andrés alcanzó mi mano y tras el vagón corrió.
No entendí sus intenciones, pero mi mano agarró;
alcanzó una de las cañas de ese último vagón.

Nos detuvimos más tarde pues aún tenía mi mano
y con la caña en su diestra por las piernas me azotaba;
siete azotes le conté mientras Andrés me pegaba...
me regañó con coraje, como consejo de hermano...

Mantuve boca cerrada de merecidos fuetazos
porque de saber mi Padre me hubiese perjudicado
ya que a él le preocupaba que llegara accidentado,
a Andrés le daría las gracias y de nuevo castigado.

Mi carrera de polizón terminó con la paliza;
mucho le agradezco a Andrés aquel favor que me hizo,
viviría en el cementerio a siete pies bajo el piso,
pues comprendo que un buen padre a su hijo lo castiga.

La zafra ya terminaba y otra temporada entraba,
a patinar a Trujillo que era el lugar peculiar
donde sábado y domingo se reunía la brigada
para bajar por la cuesta a toda velocidad.

En el viejo hospitalillo las palomas se reunían...
recuerdo el Cano Naveira con un cordón las pescaba;
con la cabuya hacía lazos y en el centro maíz metía
y cuando el ave comía con gracia la cuerda jalaba.

El Cano se entretenía mientras pescaba palomas,
portaba una libretita para escribir sus poesías;
para poder concentrarse estaba solo en la loma
entregado a su afición, la romántica, la poesía.

Pero los patinadores distraíamos al Cano
espantando las palomas, la musa se le perdía;
«vayan a jugar al frente de la casa de Alejandro,
ya que siempre los recibe con cariño y alegría.»

Al oír: «El ÚLTIMO ES PATO» a casa de Gandhi corrimos;
mas bien quiso decir «gay», que es el término correcto,
«¿Quién fue el último en llegar?» Eso lo desconocemos
ya que siempre se decía cuando estábamos corriendo.

Alejandro Peñalbert era de pila su nombre,
no sé por qué los amigos siempre Gandhi lo apodaron.
Tenía su propio club, formado solo por hombres
con unas costumbres raras que los machos no aceptaron.

Durante casi el día completo patinamos en su calle
nadie nos interrumpió, por el contrario gozamos
los chistes que nos decía que con humor y detalle
hacía reír al más triste aun cuando patinamos.

Más tarde vimos llegar algunos de mis amigos,
que en secreto bien temprano ya lo estaban visitando.
Eran buenos bailarines, no sé quién fue su maestro,
pero tomaban lecciones con amigos de Alejandro.

Muy fuerte discriminado por toda la sociedad
al punto que el personaje siempre lo excluye la historia
Humacao lo conoció, merece su nombre su calle
ya que las generaciones guardan su nombre en memoria.

Me gustaría saber quién pone nombres a las calles;
viví en la calle del Fuego, donde vivió Ángel Solier;
quisiera que se me explique con todo lujo y detalle
por qué es la calle Dufresne y no el Maestro Solier.

También vivió Yoyo Boing el ilustre comediante...
locutor y animador de televisión y radio.
No recuerdo si Humacao ha dedicado una calle
para honrar a nuestro Yoyo, orgullo de todo Oriente.

La Calle de Pedro Olmedo se llama el Ensanche Oriente;
mas Don Pedro era ese héroe que nos brindaba el mabí...
un refresco hecho en la casa que nos traía deleite,
que a grandes y chicos gusta en esos días calientes.

La salida a Pitahaya comenzando desde el puente
es la Cuesta de los Camps donde vivió la familia
que le da nombre al sector talvez por toda la vida;
conozco a Luisito Ayala que de los de Camps es pariente.

La Avenida Roosevelt cuenta con la familia Rivera;
como el músico es maestro diré que todos lo son,
comenzando con Don Pino Maestro Vocacional
que le enseñó la Mecánica Automotriz a mi Pueblo.

Ramón, Vicente y Roberto su profesión heredaron;
Edwin y Tony cantantes y guitarristas de tríos;
¡Qué familia dedicada a lo que es el magisterio...!
Aun nietos de Don Pino su profesión heredaron.

Qué importa si el municipio le pone nombre a las calles,
si la gente identifica personajes con lugares
y con personas ilustres, que se han destacado en el arte...
¿Aprenderán nuestros hijos la historia de nuestra gente?

Es posible regresar, el Mundo es un vecindario...
Me comunico constante y observo de cerca siempre
los eventos de mi Pueblo y sucesos de mi gente
junto con sus tradiciones pues conozco el calendario.

Encontré la huella fresca de la niñez y el pasado
gracias le doy a Felipe quien es un descubridor...
me llevó al Caracolillo, me convirtió en pescador
porque aquel cañaveral se nos transformó en un lago.

Elevamos dos cometas donde estaba el guayabal,
simbolizando el ayer cuando Pablo nos seguía
cada día en El Placer a todos los de la esquina
que nos reuníamos siempre para poder escapar.

Humacao

*I*f only we were able to come back to our town,
to find the fresh mark of the childhood and the past,
to remember all the memories thinking we never failed
in order to live again moments from the
past which already flew away.

Every day I feel the desire of coming back
to the so precious origin which gave me life moments.
I recreate the old times with friends at the corner
when we could meet to escape.

El Placer was the place where we all played;
we ran behind the canes the wagons carried
to taste the so delightful nectar,
even if Pablo, the foreman, didn't like it.

He had the eyes of a hawk and a docile giant horse,
a three yards whip which he skillfully cracked
turning it from its baton and with strength he pulled
so hard that as he cracked it he made the biggest one run.

Making him angry was a challenge, the afternoon sport,
we played Chase the mouse
we ran very fast together like a squad,
since Pablo's races were part of our childhood.

The town was surrounded by great cane plantations;
there wasn't almost any parks to have fun,
we took the wagon to go further,
we stowed away, we were special travellers.

Sunday afternoon was the dip day...
We walked three miles to the Pueblito de los Perros
where there was an abandoned sugar refinery reservoir dam...
...as swimming pools were just for the rich guys.

At Barriada Maunez we took a shortcut,
it was good and amusing, the Callejón de los Gatos,
we made a huge noise running by its sides...
to the bridge Rio Mariana, at the horses square.

Goyo Ríos didn't miss a single reunion,
neither his common phrase, «the bones...» which was a classic
as if it was a greeting to all the crowd
which arrived with its beasts even from Barrio Montones.

After walking a lot, we got to the last part;
it was the last road at another sugar plantation
and without Pablo noticing, the last deed, to jump...
because Pablo, the foreman, guarded the
area as if he was the owner.

We went back from a very amusing trip,
and my Parents knew all of our deeds,
funny for the youth and horrifying for the adults,
since the neighbor witnessed everything we did.

Not everything was amusement, we saw some misfortune too.
For three dollars and a giblet Juan Yarda lost his life;
we were crossing Patagonia when the robber was escaping,
The poor Juan, who was standing for
the giblet, died in displeasure.

Once, when I was running after the last wagon
Andrés reached my hand and ran after the wagon.
I didn't understand his intentions, but he took my hand;
he grabbed one of the canes from that last wagon.

We stopped later as he still had held my hand
and with the cane on his right hand he beat me by the legs;
seven beats I counted while Andrés hit me...
he told me off with courage, as a brother's advice...

I kept my mouth shut from lashes I deserved
because if my Father had known, I would have been in trouble
as he really cared about me getting hurt,
and he would have thanked Andrés and punished again.

My days of stowing away ended with that beating;
I really thank Andrés for that,
I would now live in the cemetery seven feet underground,
since I understand a good father punishes his son.

The harvest time was coming to its end
and the a new season began,
skating at Trujillo which was the particular place
where Saturdays and Sundays the squad met
to go downhill at full speed.

At the old hospital the pigeons gathered...
I remember Cano Naveira catching them with a laze;
he made snares with the rope and he put some corn in the center
and when the pigeon ate he skillfully pulled the snare.

Cano had fun catching pigeon,
he carried a little notebook to write down his poetry;
he was alone in the hill to focus
devoted to his hobby, the romance, the poetry.

But we the skaters distracted Cano
Scaring pigeons away, he lost his muse;
«go play at the front of Alejandro´s,
he always welcomes you with kindness and joy.»

As we heard: «Last one is a fagot» we headed to Gandhi´s home;
better said «gay», which is the right term to use,
«Who was the last one?» That we don´t know
because it was always said when we were already running.

Alejandro Peñalbert was his given name,
I don´t know why his friends always called him Gandhi.
He had his own club, formed by men
with some weird habits tough machos didn´t accept.

We skated almost the entire day along his street
No one interrupted us, instead, we laughed
at the jokes he humorously told in detail
which made the saddest one laugh even when skating.

Later, we saw some of my friends arrive,
who were already visiting him secretly very early.
They were good dancers, I don't know who their teachers were,
but they took lessons with Alejandro's friends.

Heavily discriminated against by the entire society
to the point of being excluded of the story
Humacao knew him, he deserves his name on a street
since generations remember his name.

I would like to know who names the streets;
I lived in Del Fuego Street, where Angel Solier lived;
I would like someone to explain me in detail
why it is Dufresne Street and not Maestro Solier.

Yoyo Boing, the distinguished comedian, also lived there...
announcer and television and radio entertainer.
I don't remember if Humacao has dedicated a street
to honor our Yoyo, Eastern pride.

The street where Pedro Olmedo lived is Ensanche Oriente;
Don Pedro was that hero who gave us the brew...
a soft drink made at home which delighted us,
which is enjoyed by adults and children on hot days.

The exit to Pitahaya starting from the bridge
Is the Cuesta de los Camps, where the family lived
and which gives the name to the area, maybe for the whole life;
I know Luisito Ayala, Camps' relative.

Rivera's family lived in Roosevelt Avenue;
as the musician is a teacher I will say that all of them are,
Even Don Pino, vocational teacher
who taught Car Mechanics to my Town.

Ramón, Vicente and Roberto inherited his profession;
Edwin and Tony singers and trio guitarists;
Such an education devoted family...!
Don Pino's grandchildren inherited his profession too.

It doesn't really matter if the town council names the streets,
If people identify characters with places
and with distinguish people who stood out in arts...
Will our children learn about the story of our people?

We can go back, the World is a neighborhood...
I am in touch continuously and I always observe closely
my Town events and my People's happenings
along with their traditions, since I know the schedules.

I found the fresh mark from the childhood and the past
I thank Felipe who is a discoverer...
He took me to Caracolillo, he made me a fisherman
Because that sugar plantation became a lake.

We flew two kites where the guayabal was,
as a symbol of yesteryear when Pablo chased after us
every day at El Placer everyone at the corner
who gathered always to escape.

Hoy Escuché tu Voz

❈

*H*oy escuché tu voz,
corrí apresurado a recibirte,
pensé que regresaste para burlar el pasado,
el que nos separó por engaño y desdichó nuestras veredas.
Hoy escuché tu voz,
fuiste Tú quien me llamabas.
Tu voz con su inconfundible tono alegre
difundió una melodía en contrapunto que deleitó mi audio.
Hoy escuché tu voz,
pidiéndome que abriera la puerta
de mi corazón marchito por la ausencia de tu ser...
Mi vida, te esperé con muchas ansias
para que germinaras mi alma...
Hoy escuché tu voz
clara como el agua fresca del manantial,
dulce como la miel que destila de los panales del campo,
embriagador como el fruto del viñedo que
deleita al paladar del sediento.

I Heard Your Voice Today

I heard your voice today,
I rushed to receive you,
I thought you came back to trick the past,
the one that separated us tricking us
and left our roads wretched.
I heard your voice today,
it was You who called me.
Your voice with its unmistakable happy sound
produced an harmonic melody delighting my ears.
I heard your voice today,
asking me to open the door
to my heart faded by the absence of your being...
My love, I yearned for you to come and germinate my soul...
Today I heard your voice
as clear as fresh water from a spring,
sweet like honey from the honeycomb,
pleasant as the fruit of the vineyard delighting the thirsty palate.

Manifiesto de Perdón

Hoy corté unas rosas, ¿para quién?
no veo el motivo si no hay quien
reciba las flores para que bien
reconozca el sentimiento del amor,
después de un manifiesto de perdón.
Las flores se marchitan con el tiempo
por tal motivo pienso en el momento
cuando habitaba cerca a ti contento
reconociendo el sentimiento del amor,
después de un manifiesto de perdón.
Acariciándote y besándote en el día,
sin jamás pensar que en algún día
lo más preciado de mi vida perdería;
hoy reconozco el sentimiento del amor,
después de un manifiesto de perdón.

Forgiveness Manifesto

❁

I cut some roses today, for whom?
I see no point in that, if there is no one
to receive the flowers and
well distinguish the feeling of love,
after a manifesto of forgiveness.
Flowers wither along time
thus I think of the moment
when I was full of joy around you
well distinguishing the feeling of love,
after a manifesto of forgiveness.
Caressing you and kissing you in the day,
without even thinking some day
my life treasure would go away;
today I well distinguishing the feeling of love,
after a forgiveness manifesto.

Te Saludaré entre Llanto

Cuando los recuerdos rugen y la nostalgia amenaza
tirándole nuestras vidas hacia un abismo de plazas
donde se recrean grietas de lo profundo del alma,
recibiré tu saludo y lo esperaré con llanto.
Viajaré a nuestro pasado, soñaré con tu futuro
y retornaré a tu lado para escapar de esos muros
que constante me condenan a un silencio muy obscuro
para revivir mis días cuando solías ser mía.
Lucho contra lo imposible para realizar mi sueño;
tomo veredas de polvo, camino con gran empeño;
tu imagen entra en mi alcoba y me convierto en tu dueño
desde el día que partiste de nuestra humilde morada.
Removeré Cielo y Tierra, de Sol a Sol sin descanso;
buscaré en remotas tierras donde nadie oyó mi canto
que clama en trinos tu nombre aun cuando me levanto
desvelado y desdichado de mi ancho y frío lecho.
Un día veré tu rostro pues no pierdo la esperanza
de encontrarte frente a frente como lo desea mi alma
para decir que te amo como cuando te besaba
recibirás mi saludo empapado con el llanto.

I Will Kiss You in Tears

When the memories roar and nostalgia threats
throwing our lives to an abyss squares
where cracks from the depths of the soul are recreated,
I will get your kiss and wait it in tears.
I will visit our past, and dream of your future
I will come back to your side to escape from this armature
which constantly condemn me to a silence so obscure
to revive those days when you were mine.
I do my outmost to fulfill my dream;
I take roads with dusk, and walk with esteem;
your image enters my room and I become your keeper
from the day you left our humble shelter.
I will leave no stone unturned, from sunup to sundown, restless;
I will look into far lands where no one could hear my chant
which claims aloud your name even when
I leave awake and disgraced
my cold and wide bed.
One day I will see you, since hope will not fade
to find you face to face as my soul has long awaited
to tell you that I love you like I did when we kissed
you will receive my kiss soaked in tears.

El Arcoíris de tu Corazón

U n día, intentando llegar
al arcoíris de tu corazón,
me enamoré de ti
como una abeja de su panal.

Traté de huir,
muy lejos de ti;
pero sin importar donde mirara
mi mente se volvía azul.

En todos mis sueños,
tomé cada color de tu alma;
El azul estaba en tus ojos,
tu cabellera dorada.

Quien intente alcanzar
un arcoíris del corazón,
se enamorará
como una abeja de su panal.

The Rainbow of Your Heart

One day attending to touch
the rainbow of your heart,
I fell in love with you
as a tiger in a trap.

I tried to run away,
as far away from you;
no matter where I looked,
my mind became blue.

In all my dreams, I took
each color of your soul;
the blue was in your eyes,
your head covered in gold.

Each one who attends to touch
a rainbow of a heart
will fall in love with it
as a tiger in a trap.

Esperanza

Esperanza se pierde en la sombra del ocaso,
comencé a morir lentamente sin una mano de piedad
que traiga alivio
a mi angustiante vida.

Anhelaba una pequeña llama para mi oscuridad,
pero el fuerte viento de la noche
arrasó con todas las lámparas en mi alma
y así me condenó a una vida de confusión.

Comencé a ahogarme en profundas filosofías,
sin respuestas, y muy lejos de la costa.
Océanos de ideas, sin conclusiones;
ni faros que guiaran mi navío.

Alcancé cada uno de mis objetivos,
llegué a lo más alto,
descendí hasta lo más profundo,
y no descubrí lugar alguno para escaparme;

solo aflicción, tristeza en mi espíritu;
emociones entre lágrimas y risas
que anuncian un día con nuevas esperanzas,
la esperanza es el único elemento vivo.

Riqueza, pobreza, no existe diferencia.
Al polvo llegaré,
el aliento de vida se terminará,
fertilizaré la tierra con mi remembranza.

Oh tiempo, enemigo impredecible,
hoy está lloviendo, mañana quizás caiga nieve.
Has traído angustia a mi vida
al no darme la oportunidad de concluir mi obra.

Los músculos se debilitan,
sólo la fortaleza me sostiene,
fortaleza que obtuve con raíces fuertes,
como un viejo roble.

¿Por qué los hombres pisan mis raíces
si les brinde frutos deliciosos?
¿Por qué trepan por mi tronco
si no soy tan alto?

Nunca crecerán bajo mi sobra...
Caeremos juntos
pero con una sola diferencia,
ellos nunca brindarán apoyo.

Paso a paso, me voy levantando.
Manteniendo mis rodillas estiradas;
disparando con mi pluma
y mi lengua es un escudo.

Si tienes oídos, escucha,
si tienes ojos, mantenlos abiertos;
ama a tu prójimo con todo tu corazón,
porque la vida es corta.

Se sabio, nunca te rindas;
sólo los valientes triunfan,
y prueban el sabor de la Victoria.
Nunca dejes atrás al que cae.

Un ojo nos observa desde el cielo,
y de acuerdo a nuestro obrar,
seremos compensados,
quizá un premio, quizá un castigo.

Tiempo, te combatiré con todas mis fuerzas,
hasta el último aliento que quede en mis pulmones.
Nadie gana en una guerra,
pero el sobreviviente reconstruirá la Tierra.

Hope

Hope is despairing in the sunset shadow,
I began to die slowly without a hand of mercy
that brings me comfort
to my anguished life.

I desired a little flame into my darkness,
but the strong wind of the night
stroked every lamp in my soul
to condemn me to a life of confusion.

I started to drown in deep philosophies,
No answers, far away from the shore.
Oceans of ideas, with no conclusion;
neither lighthouse to guide my vessel.

I met my goals, each one of them
reached the highest top,
drilled the deepest point,
discovering no places to escape;

only affliction, sadness of spirit;
emotions between tears, and laughs,
announcing a day with new hopes,
hope is the only element alive.

Richness, poorness, there is no difference.
I'll hit the dust,
the blow of life will end,
I will fertilize the ground with my remembrance.

O time, unpredictable enemy,
today is raining, tomorrow perhaps snowing.
You have brought anguish to my life
not giving me a chance to conclude my work.

The muscles are losing strengths,
only the endurance supports me,
endurance I gained with a strong foundation
as an old oak.

Why do the men step on my roots
if I gave them delicious fruits?
Why do they climb on my log
if I'm not too tall to be reached?

They will never grow up under my shadow . . .
We will fall down together
with only one difference,
the will never give comfort.

Step by step, I'm moving up,
Keeping my knee straight;
firing with my pen
and my tongue as an armor.

When you have ears, listen,
if you have eyes, keep them open;
love your neighbor with all your heart
because your days are short.

Be wise, never give up;
only valiants obtain the triumph,
and taste the crown of victory.
Never forget to lift the fallen one.

One eye in the Sky observes us,
and according with our work,
we will be compensated for good,
maybe a reward, perhaps a punishment.

Time, I'll fight you with all my strength
until the last breath of my lungs.
There is no winner in war,
But the survivor will rebuild the Earth.

Cásate Conmigo

No sé qué responder; estoy confundida.
No sé si soy tu esposa o tu concubina forzada.
La historia revela que me robaste de los brazos de mi madre.
Llevamos cien años viviendo juntos.

Convenciste a un tribunal para determinar nuestra vida juntos.
Nadie me preguntó qué quería.
Mis padres no estaban en ese juicio.
¿Te olvidas de eso?
Libertad, Independencia. ¿Qué es eso?

¿Si te amo? Quizás no.
Tu harén se va reduciendo;
Te casaste con una mujer rica por su dinero
Y con una joven por su belleza.

"Cásate conmigo" sonó como una orden;
Mis sueños de días de juventud se han ido.
Engendramos millones de hijos.
Cada uno por su lado, peleando entre ellos en casa.

Algunos ni llevan tu apellido.
No te reconocen como padre.
Muchos dejaron nuestro hogar para vivir exiliados,
sintiéndose como intrusos en su propia casa.

Me preguntan cuándo nos divorciaremos,
sin embargo, no podemos divorciarnos antes de casarnos.
Ellos quieren que nos separemos por completo
sin importar sacrificios o consecuencias.

Otros quieren que tú los reconozcas
como hijos legítimos. Sufren por ser bastardos.
Siempre usando tu apellido,
muchos viven contigo

se dan cuenta de que no estamos casados,
viven la vergüenza de ser llamados no legítimos.
Orgullosos de ti como padre
y con la esperanza de convertirse en una familia legal.

El tercer grupo no se preocupa por las nupcias,
Todos tienen el conformismo para continuar
para vivir como compañeros del temor a cambiar en el futuro,
sin importar lo que digan los vecinos;

sin tener en cuenta tradiciones, costumbres, o reglas,
reconociendo a su padre, siempre y cuando
no te metas en sus asuntos,
nunca me lo permiten.

Yo soy la concubina; nunca fui tu novia.
Me capturaron, me tuvieron como rehén,
y luego como prisionera.
Tu juguete sexual para satisfacer tu sadismo,
mis días de juventud se han ido.

Un siglo viviendo juntos, "¿Cásate conmigo?"
Creo que es un poco tarde para eso. Ya soy muy vieja.
Cansada como para comenzar una nueva
vida con una nueva promesa,
¿debería casarme contigo?

Marry Me

❈

I have no answer; I'm confused.
I'm not sure about being your bride or concubine by force.
The history revealed you kidnapped me from my Mother's arms.
There a hundred years living together.

You convinced a highest court to decide our life together.
No one asked me about my wishes.
My parents were not in the trial.
Did you forget?
Freedom, Independence, what are those?

Do I love you? Perhaps not.
Your harem is reducing in number;
Married a rich woman in exchange for her money
and a young girl for her beauty.

"Marry me" sounded like an order;
my dreams of younger days are gone.
Our fornications set millions of children.
They are divided, fighting each other at home.

Some do not carry your name.
They are not recognizing you as father.
Many left home to live in exile,
feeling as aliens in their own territory.

Asking me when we will divorce,
however, we cannot split without previous nuptial.
They want us to be separated
entirely, careless about sacrifice or consequences.

Others want to be recognized as your
legitimate children. They suffer as bastards.
Always using your last name,
many live at your domicile.

They realize we are not married,
experience the shame of being called not genuine.
Proud of you as father and
having the hope to become a legal family.

The third group is not concerned about nuptials.
All have the conformism to continue
To live as partners for fear of change in the future,
No matter any comment from neighbors.

Careless about traditions, customs, or rules,
Recognizing their father as long as
you stay away from their business,
they never left me.

I'm the next concubine in line; I never was your bride.
I was captured, hostaged, and taken as prisoner.
Your sexual item to satisfy your sadism,
my younger days expired.

Living together for a century, "Marry me?"
I think it is a little late for a proposal. I'm too old.
Tired to begin a new life with a new vow,
Should I marry you?

Un Día a la Vez

Competir contra los demás, el nuevo mundo lo demanda,
le quite los momentos de descanso a mis noches…
Corriendo cada segundo para lograr mis objetivos primero,
pero mi maestro me dijo, "Un día a la vez".

El Sol y la Luna nos iluminan;
la lluvia moja el suelo, y forma ríos;
las aves no cosen, pero se visten y comen,
enseñándonos cómo vivir un día a la vez.

Vi muchos amigos con angustia y pánico
Fracasar en el futuro, intentando tener una vida mejor,
Y luego, la frustración invadió sus espíritus
por no haber vivido nunca un día a la vez.

La Madre Naturaleza hace que la línea continúe,
pero la humanidad toma atajos a su antojo…
Y ellos, tarde o temprano, llegarán al mismo tiempo
pero no vivieron un día a la vez.

Ellos construyen puentes con peldaños,
algunos de ellos se han hundido en los rápidos de los ríos;
el camino los llevó a la muerte nunca hallaron un final…
Otros alcanzaron objetivos un día a la vez.

Sólo los buenos momentos pertenecen a los seres humanos,
Nada es más importante que la vida misma.
Vive la vida de la mejor forma posible, no te apresures,
escucha al Maestro, un día a la vez.

One Day at a Time

Compete against others, the new world demands,
I stole to my nights all the resting moments . . .
Rushing every second to achieve my goals first,
but my Master told me, "One day at a time."

The Sun and the Moon illuminate us;
the rain wets the soil, creating the rivers;
the birds do not sew, but they dress and eat,
teaching us to live one day at the time.

I saw many friends with anguish and panic
Fail in the future, trying to reach a better life,
and later, frustrations arrive to their spirits
for they have never lived one day at a time.

Mother Nature makes the line continue,
but mankind follows shortcuts as they want . . .
and they, now or later, will arrive together
But they did not take one day at a time.

They build dangerous bridges with stepping stones,
some of them have drowned in the river rapids;
the path leading to death never saw the end . . .
Others achieved objectives one day at a time.

Only the good moments belong to the humans,
nothing is more important than the life itself.
Live the best of existence, do not rush your way,
listening to the Master, one day at a time.

El Tema de los Mortales

Ayer, vi la luz del sol, abriendo mis ojos
por la primera vez en la mañana . . .
caras sonrientes durante mi tiempo de llorar,
alcanzando el aliento de la vida.
Nunca pienso en el mañana,
un asunto que no existe
para aquellos que no cometen errores,
lo merecido es para los que saben
cómo hacerlo bien. . .
pero han elegido la maldad.
Elegido vivir en la oscuridad. . .
Caído y caído, una y otra vez. . .
Tienen un futuro. . .
Muerto, sombras. . .
Condenan a vivir el día a día,
pero los que deciden
mantener su infancia
nunca verán muerte,
ellos eligen la eternidad
para no conocer nunca el significado de siempre. . .
El tema de los mortales. . .
Los niños, Los Santos del Señor. . .
Volarán como águilas sobre el abismo;
Vivirán bajo la sombra del Todopoderoso;
hasta cuando caminan por el valle de muerte
no temerán,
porque han nacido para vivir para siempre.

Subject of Mortals

✺

Yesterday, I saw sunlight, opening my eyes
first time in the morning . . .
smiling faces during my crying time,
reaching the breath of life.
I never think about tomorrow,
an issue that does not exist
for those who do not commit fault,
due is for those who know
how to do well . . .
but chosen the wickedness.
Chosen to live in darkness . . .
Fallen and fallen, again and again . . .
They have a future . . .
Dead, shadows . . .
Condemn to live day by day,
but those who decide
to keep their childhood
will never see the dead,
they choose the eternity
to never know the meaning of forever . . .
Subject of mortals . . .
Children, Saints of the Lord . . .
Will fly as eagles over the abyss;
Will live under the shadow of the Almighty;
even when they walk in the valley of the dead
they will fear not,
because they have been born to live forever.

La Inmigración de los Ángeles

Decidí cruzar el río después de muchos sueños;
Me di cuenta de que esta es mi obligación con el Señor,
trabajar la tierra es mi vida y vocación.
Sentido del deber es mi motivación para
dejar de lado cualquier obstáculo.

La gente no trabaja la tierra, que produce leche y miel. . .
Nuestras manos están dedicadas a aquellos que viven en el País,
incluido el Presidente, los Gobernadores,
los Congresistas y los Alcaldes.
Somos los Ángeles de la Noche que cruzan
las fronteras ilegalmente.

He sido deportado tres veces, la última
vez estaba recogiendo coles,
Cuando un Ángel humilde llama, "La Migra. . . ! "
Todos fuimos expulsados del País por Agentes de Inmigración;
funcionarios de la misma estirpe latina a la cual yo pertenezco.

Estoy listo para salir con la Agencia de Viajes Coyotes. . .
Recibimos la última información sobre las nuevas aventuras,
cómo cruzar el río sin ser visto.
Los Coyotes se ven como gente respetable
tratando de ayudar al prójimo. . .

Triste realidad, les importa poco cuántos
mueren cruzando el desierto,
o reciben un disparo en la frontera por los
tiradores que practican el nuevo deporte,
Disparando a la Alianza Ilegal; confiesan
los pecados ante el Señor;
recibiendo la comunión domingo por la mañana,
y todo lo incluido en el precio del paquete.

Mi esposa está esperando en el otro lado, cruzó antes,
los coyotes contrataron una familia para cruzarla
en su coche porque su piel es blanca y *güera*.
El *Patrón* organizó falsas Tarjetas Verdes,
para que ambos permanezcamos en el País
durante la temporada agrícola.

Crucé el río,
mi *Patrón* me dió un atuendo fresco y los documentos,
Me cambié de ropa y nos fuimos a mi casa nueva,
el viñedo, la cosecha que produce la sangre del Maestro.

He logrado mis sueños, y se termina mi tiempo.
Es tiempo para volver a nuestra patria, de vuelta a
encontrarnos con nuestros seres queridos;
Los niños, los padres que comparten la
bendición de nuestro esfuerzo;
Esta noche, los Embajadores se alegrarán con vino
tinto; maná, miel y leche para nosotros.

The Angels' Immigration

I decided to cross the river after many dreams;
I realized, this is my obligation with the Lord,
working the land is my life and vocation.
Sense of duty is my motivation to set aside any barrier.

People do not work the land, which produces milk and honey . . .
Our hands are devoted to those who live in the Country,
including the President, Governors, Congressmen, and Mayors.
We are the Angels of the Night who illicitly cross borders.

I have been deported three times, the
last time I was picking cabbage,
When a humble Angel calls, "La Migra . . . !"
We all were thrown out of the Country by Immigration Agents;
Officers of the same Latino lineage where I belong.

I'm ready to check out with Coyotes Travel Agency . . .
We receive the last briefing about new adventures,
how to cross the river without being seen.
Coyotes look as respectable people
trying to help the neighbors . . .

Sad reality, they care less how many die crossing the desert,
or get shot at the border by shooters practicing the new sport,
Shooting Illegal Alliance; they confess the sins before the Lord;
getting communion Sunday morning, and
everything included on package price.

My spouse is waiting at the other side, she crossed before,
coyotes contracted a family to cross her in their
car because her skin is white and *güera*.
El Patrón arrange fake Green Cards,
in order for both to remain in the Country
during the agricultural season.

I crossed the river,
my *Patrón* issued me a fresh attire and documents,
I changed clothes and left to my new home,
the vineyard, the crop which produced the blood of the Master.

I have accomplished my dreams, and my time concludes.
Time for both to return to our homeland,
back to meet our loved ones;
Children, parents who share the blessing of our effort;
Tonight, Ambassadors will cheer with vino
tinto; manna, honey, and milk for us.

El Regreso

Un día decidí a salir
del lugar donde he nacido
vivir apartado mi futuro
evitando todo tipo de desprecio.

Me encontré en un rompecabezas
oscuro, estrecho y nublado
profundo y frío como un túnel. . .
solo, sin nadie.

Nunca tuve una idea
acerca de la necesidad de amor
de los que siempre se acercan
con lo mejor de su alegría
compartiendo los afectos juntos;
anunciando mejor los horizontes . . .

Gracias a todos ustedes, mis amigos
por todos las bendiciones y plegarias
para hacerme volver a mi casa
y cambiar mi vida al final.

The Come Back

One day I decided to depart
from the place where I have been born
to live my future apart
avoiding all kinds of scorn.

I found myself in a puzzle
obscure, narrow, and cloudy
deep and cold as a tunnel . . .
alone without anybody.

I never had an idea
about the need for love
from those who always get close
bringing the best of their joy
sharing affections together;
announcing horizons better . . .

Thanks to all of you, my friends
for all the care and prayers
to make me return to my place
to change my life at the end.

La Charla sobre el Dinero

La música está fuerte, los mercados están cerrados
el intercambio abandonado, el capital se ha ido,
nadie se dio cuenta de que
el mono dejó de bailar.

Un día negro para los fieles,
Su Dios Dólar está muerto. . .
La confusión guía la ciudad
al mausoleo.

Millones de piezas se ahogan
en la tierra sagrada
sin la esperanza de la reanimación
de la Plata Mágica.

¿Quiénes son los asesinos de Dios?
¿Qué tipo de castigo se aplicará?
Alguien preguntó. . .
Nadie, los políticos se olvidaron de darle de comer.

Los ladrones, traficantes de drogas y manipuladores
acaban con los negocios porque los clientes
no poseen el poder sagrado,
la esperanza y la fe, muertos también.

El equipo de rescate está activado,
ellos son los expertos más calificados
para este tipo de desastre anormal,
la Gente sin Hogar.

Un Dios desconocido aparece en la escena. . .
"Compren leche y miel sin dinero,
a ningún precio, gratis".
Nadie escuchaba, extrañan al Dios Dollar.

Un Dios desconocido que habla con la verdad,
traicionado por los amigos, vendido como esclavo,
preso en el pabellón de los condenados a
muerte, compasivo y tranquilo,
sin techo y pobre.

Denominó a sí mismo,
el camino, la verdad, y la vida;
pan de la vida; consejero, y el Príncipe de la Paz;
Alfa y Omega, el Todopoderoso.

Él dice que su reino no es de la Tierra,
y él es el único juez que cuenta con un tribunal
donde los criminales se asumen culpables y obtienen la libertad.
¿Quién lo entenderá?

Money Talk

The music is loud, the markets closed
the exchange scratched, the capital is gone,
no one realized that
the monkey stopped dancing.

Dark day for the worshippers,
their God Dollar is dead . . .
Confusion guides the city
to the mausoleum.

Millions of pieces drown
In the holy ground
Without hope of resuscitation
of the Magic Silver.

Who are the killers of the God?
What kind of punishment will be applied?
Somebody inquired . . .
Nobody, politicians forgot to feed Him.

Thieves, drug dealers, and manipulators
ran out of business because customers
do not possess the holy power,
the hope and the faith, dead as well.

The rescue team is activated,
they are the most qualified experts
for this kind of unnatural disaster,
the Homeless.

An unknown God shows up on the scene . . .
"Buy milk and honey without money,
at no price, free."
No one listened, they miss God Dollar.

That unknown God speaks with the truth,
betrayed by friends, sold as a slave,
inmate in death row, merciful and peaceful,
homeless and poor.

He denominated himself,
the way, the truth, and the life;
bread of life; counselor, and Prince of Peace;
alpha and omega, the Almighty.

He says his kingdom is not from Earth,
and he is the only judge who possesses a court
where the criminals pledge guilty and obtain freedom.
Who will follow him?

La Ceguera

❖

No me muestres tu plan, es un acto ilusorio.
Estoy ciego, pero reconozco tu voz,
responsable como políticos ejecutando un nuevo sofisma.
Estoy ciego, te oigo susurrar como los
cuentos del salmón capturado.

Comprendo tu equilibrio, tú dominando el discurso.
La gente querrá ver los resultados, pero
tú convences a tus seguidores,
los miembros de tu club privado, perdón,
los Miembros del Personal.
Estoy ciego, huelo tu receta, es arenque seco.

Tu mano es más rápida que los ojos de las comunidades.
La verdad es el elemento, debes prometer nuevos horizontes.
Diles cuanto estás preocupado, ellos te creen.
Estoy ciego, pero tengo sentido del tacto, es medusa.

La mesa está lista, es un jardín.
Da brillo a los colores blanco, rojo y azul;
dominas las ideas gastronómicas,
pero no la mesa de tu gente.

Estoy ciego, pero tengo un buen gusto.
El aderezo está demasiado dulce para los mariscos.
Me alegró por mi ceguera, pero lo siento por los videntes.
Apariencia guía su vida sin pensar en las consecuencias.

Cierra los ojos y usa tu juicio,
la fe y la esperanza.
Te volverás ciego,
manténte bien firme para ejecutar la veracidad.

Blindness

Do not show me your plan, it is an illusory act.
I'm blind, but I recognize your voice,
sound as politicians executing a new sophism.
I'm blind, I hear you whispering as tales of captured salmon.

I comprehend you breakeven, you mastering the discourse.
People will like to see results, but you convince followers,
members of your private club, sorry, Staff Members.
I'm blind; I smell your recipe, it is dry herring.

Your hand is faster than communities' eyes.
Truth is the element, you need to promise new horizons.
Tell them how much you are concerned, they believe you.
I'm blind, but I have sense of touch, it's jellyfish.

The table is ready, it is a garden.
Brightens colors white, red, and blue;
you master gastronomic ideas,
But not the table of your people.

I'm blind, but I have a good taste.
The dressing is too sweet for seafood.
I'm gladdened for my blindness, but sorry for seers.
Appearance guides their life without thinking of consequences.

Close your eyes and use your judgment,
faith and hope.
You will become blind,
stay tighter to execute the veracity.

Miserable

Todos mis decepciones se limitan una a una,
intento generar ideas para ayudar mi prójimo.
Exhausto de pequeños grupos que administran mi tiempo
cuando otros están esperando buenas noticias de mí.

Mis pies me llevaron al lugar donde estoy;
sólo le debo Dios y a las plegarias de los fieles.
El camino sin retorno hacia el Infierno intercepta mi camino,
distrayendo a los habitantes con signos insensatos.

Promesas, ¿cuando voy a percibir el sonido de justicia?
Palabras improductivas por parte de
aquellos que desean el poder. . .
Palabras vanas dan clases a sus seguidores,
No le hagas caso! Este acuerdo es para camarillas.

Desgracia para ellos, que van a terminar desilusionados;
celebrarán el primer día, pero al siguiente, las lágrimas.
Me siento triste por su perspectiva, lo puedo deducir.
Perdición para la injusticia de los líderes. Miserable!

Miserable

All my deceptions are confined one by one,
I'm trying to generate ideas to help my neighbors.
Exhaust of small groups manage my time
when others are expecting good news from me.

My feet took me to the place I'm standing,
only I due to the Lord and prayers.
A one way via Hell intercepts my road,
distracting the inhabitants with foolish signs.

Promises, when will I perceive sound of authenticity right?
Unproductive words by those who desire power . . .
Vain words lecture their follower,
Do not listen! This agreement is for cliques.

Misfortune for them who will end up disillusioned;
will celebrate on the first day, but the next, tears.
I feel sad for their prospect, I can deduce it.
Doom for injustice of the leaders. Miserable!

Señor Orador

*G*ran discurso sigue su comunicación intelectual
para mantener a los espectadores
convencidos de su conocimiento.
Su discurso suena como el viento que
filtra a través de los arbustos;
inusuales notas musicales creadas por el sonido de las cascadas;
lamentable, su licencia está revocada por las siguientes razones:

Usted no vive con su ejemplo, su discurso
no refleja su estilo de vida.
Párese frente a un espejo y observe a usted
mismo antes de criticar a otros.
Demasiada teoría, pero nada de práctica
con sus propias creencias.

No aplicar sus valores es como mantener
candelabros debajo de la mesa.
Un ciego no puede guiar a un ciego, ambos caerán en el hoyo.
Para evitar una tragedia, revocaremos su licencia como orador.

Por falta de veracidad, no estar diciendo verdad
y nada más que la verdad.
Oradores siempre están en tribunas, el público es el jurado,
y Usted el principal testigo cometiendo perjurio.
Es mejor permanecer en silencio en vez de contar historias falsas.
La mentira es uno de los peores pecados,
no sólo ante Dios, sino ante
cualquier sociedad.
Verdad, úsela para preservar su talento.

Su falta de sabiduría, demuestra no ser un
buen oyente de instrucciones
de los que poseen vocación y experiencia.
Cayó, siguiendo los consejos de los asesores,
arriesgando sus compañeros con filosofías equivocadas,
cautivando como tontos con comidas
envenenadas por su espíritu
guiándolos a vivir en la miseria intelectual.

Usted no utilizará el título a menos que se
recapacite sobre los siguientes temas:
La Ética, para aprender cómo aplicar los
valores predicados en su propia vida.
La Verdad, para mantenerse en lo que es correcto,
diciendo la verdad incondicionalmente.
La Sabiduría, viene de escuchar. No hay una
fórmula especial, no hay atajos,
Escuche los consejos de los sabios, sobre todo
los más viejos expertos en la vida;
Y no olvide nunca de empezar desde el
principio, el temor del Señor.

Mister Speaker

*G*reat speech follows your intellectual communication
to maintain the spectators convinced of your knowledge.
Your discourse sounds as wind filtrating through the bushes;
unusual musical notes created by sound of falls;
unfortunate, your license is revoked for the following reasons:

You do not live by example, your speech
does not reflect your lifestyle.
Stand before a mirror and observe yourself
before critiquing others.
Too much theory, but no practice on your own beliefs.

Not applying your values is like candles under the table.
A blind who guides a blind will fall both in the hole.
To avoid a tragedy, we will revoke your license as speaker.

Absence of truthfulness, not talking with the truth,
and nothing but the truth.
Speakers always are on tribunes, the audience is the jury,
and you the main witness committing perjury.

It is better remaining in silence rather than tell untrue stories.
Lying is one of the worst sins not only
before God but any society.
Truth, you most speak with it in order to preserve your talent.

Lack of wisdom, you have showed not to
be a good listener of instructions
From those who posses vocation and experience.
You fell, following guidance of counselors,
risking your fellow neighbors with wrong philosophies,
captivating them as fools with poisoned meals for their spirit
guiding them to live in intellectual misery.

You will not use the title unless you retrain
on the following subjects:
Ethics, to learn how to apply the preached
values on your own life.
Truth, to stay in what is right, saying the truth unconditionally.
Wisdom, comes by listening. No special formula, no shortcuts,
Listen to the counseling of the wise
especially the oldest experts on life;
And never forget to start from the beginning, fear of the Lord.

La Mesa del Rey

Gastronomía maravillosa, caviar como
aperitivo con el mejor Vino Tinto,
los sirvientes cuidan la mesa para alimentar
a los ojos y el estómago del rey.
El Aroma vuela desde los grifos de porcelana
persuadiendo el apetito del subdito,
sólo los coperos de pueden masticar una
pequeña porción de su banquete.

La servidumbre limpia y guarda la mesa después
que los comelones terminan el postre,
también limpian los pisos, los cocineros comienzan con
la cena, los camareros vuelven a poner las mesas;
la cadena comienza de nuevo.
Esta noche, una fiesta colosal, las celebridades
llegan para animar la alegría de su Majestad.

Todos ellos Nobles, ni siquiera de la Cámara de los Comunes.
El capital de los contribuyentes se gastará,
los campesinos podrían no llegar a tener pan en sus mesas. . .
Nadie distingue la insuficiencia.

¿Suerte o vergüenza? ¿Quién nació para
convertirse en un noble o un plebeyo?
¿O quién los eligió? Nobles son pocos,
plebeyos construyen el futuro.
Nobles obtienen la gloria, pero los campesinos, ¿qué obtienen?
Recompensa inmerecida de nosotros, que vergüenza.

He nacido hombre libre; ningún título se añade a mi nombre.
Me niego a ser un subordinado de cualquier rey en esta tierra;
Me niego a compartir la culpa. Inclino mi
cabeza sólo al Todopoderoso
quien me provee de pan en mi mesa cada día.

The Table of the King

Wonderful gastronomy, caviar as
appetizer with the best Vino Tinto,
labor forced garden the table to feed the
eyeballs and belly of the king.
Aroma flights from the china taps persuasive citizen's appetite,
only food testers are able to chew a
tiny portion of his banquette.

Crew members clean and put the table away
after the eaters ended dessert.
Servants clean floors, cooks begin with
the supper, waiters reset tables;
the chain begins all over again.
Tonight, colossal festivity, celebrities arriving
to cheer the joy of the Majesty.

All of them Noble, not even Commons from the Chamber.
Capital from taxpayers will be expended,
the peasants may not have bread on their tables . . .
No one distinguishes the insufficiency.

Luck or shame? Who was borne to become a noble or a plebeian?
Or who chose them? Nobles are few, plebeians build the future.
Nobles obtain the glory, but peasants, what do they get?
Unmerited reward from us brings shame on.

I have been born a free man; no titles are added to my name.
I refuse to be subordinate of any king in this earth;
I refuse to share the guilt. I bow my head only to the Almighty
who provides the daily bread on my table.

Egoísta

✵

¿Te das cuenta que la vida es un simple soplo?
Una pesadilla está preparada para ti,
y un despertar en el Infierno.
¿Cómo será justificado tu trabajo?
Será demasiado tarde.
De acuerdo con tus frutos será tu salario,
angustia eterna,
lugar para obtener conocimientos sobre la Justicia Divina.
Disfruta de tu día;
celebra tu triunfo en tus últimos días
porque los días se hacen más cortos,
y la puesta del sol está en tu puerta.
La luna se volverá roja,
Pero no será un nuevo día
para que vivas atormentado en la oscuridad.
Perdóname por esta conclusión honesta,
Te perdoné hace mucho tiempo.
Declarar mi inocencia no es suficiente,
debes arrepentirte delante del Señor,
y producir frutos de arrepentimiento.

Selfish

Do you realize life is a simple blow?
A nightmare is prepared for you,
and a wakeup in Hell.
How will your work be justified?
It will be too late.
In accordance with your fruits will be your wage,
eternal anguish,
place to gain knowledge of Divine Justice.
Enjoy your day;
celebrate your triumph during your final days
because days are getting short,
and the sunset is on your doorstep.
The Moon will turn red,
But will not be a new day
to make you live tormented in darkness.
Forgive me for this honest conclusion,
I forgave you a long time ago.
My exculpating is not enough,
you must regret to the Lord,
and produce fruits of repentance.

El dolor, es sonido repitido
mientras que la angustia consume confianza
con la contracción mortal.
Día a día, abro mis ojos,
miro el mundo, y no hay paz.
El hombre que confía en los hombres está maldecido,
Ignorante como un tonto.
Ellos creen,

que el cambiando los sistemas políticos con que la espada
nos proporcionará un Mundo maravilloso.
Mentirosos!
Pretenden encontrar nuestra felicidad
con la mentira y la violencia,
la mentira engendra las mentiras,
y la violencia cosecha violencia.
Chulos,
no somos prostitutas.
Vosotros sois los sádicos parásitos,
consumiendo el vino y pan de nuestras mesas
sufriendo ningún dolor.
La clemencia no está en vuestra agenda,
pero el poder es vuestra ambición. . .

Pain

*S*orrow, the sound repeated
while anguish consumes trust with mortal contraction.
Day by day, I open my eyes,
look at the World, and there is no peace.
Man who trusts men is cursed,
Ignorant as foolish.
They believe,

That changing Political Systems thought the sword
will furnish us the wonderful land.
Liars!
They pretend to find our happiness with lies and violence,
the lie begets lies,
and violence harvests violence.
Pimps,
we are not prostitutes.
You are the parasite sadists,
consuming wine and bread from our tables
suffering no pain.
Mercy is not in your agenda,
but power is your ambition . . .

El Reino

La misericordia es la clave para
aquellos que desean el acuerdo
para vivir en la bondad. Los corazones
crecerán igual que los niños. . .
aquellos que nunca cometen pecados
porque el pecador sabe hacer bien las
cosas, pero se niega a hacerlo.

Un mundo sin hostilidad, odio, crímenes;
el amor es la respuesta sencilla, pero a la
humanidad le disgusta el primer ingrediente.
"Dios me mandó para matarte", dijo alguien.
"Ama a tu prójimo", señala el último mandamiento.

Qué delicioso que sería si la infancia nunca terminase!
Los niños que gobiernan nuestro mundo, y los
habitantes que perdonan los errores a todos,
compartiendo todo lo bueno;
se convertirá en la casa de Dios.

"Los que no se conviertan en niños
nunca visitarán el reino de Dios. "
sólo hay lugar para la santidad, es un reino de paz
y justicia donde los criminales no pueden cometer delitos.

Espero días de paz,
el día en el cual el león y el cordero
podrán dormir juntos como amigos,
mostrandonos la manera de vivir en fraternidad.

Un día en que la humanidad deja las armas
y los convierte en chorlito
para reconstruir la Tierra, bajo la supervisión de Dios.
¿Es esto un sueño?

The Kingdom

❋

Mercy is the key for those who desire the agreement
to live in benevolence. The hearts will grow as children . . .
those who never commit sins
because the sinner knows how to do well, but declines to do it.

A world without hostility, invidiousness, crimes;
love is the simple answer, but humanity
dislikes the first ingredient.
"God sent me to kill you," someone said.
"Love your neighbors," states the last commandment.

How delightful it should be if childhood never ended!
Children ruling our world, and habitants
forgiving anybody's mistakes,
sharing all the goodness;
it will become the home of God.

"Those who do not become children
will never visit the Kingdom of God."
there is only room for holiness, it is a kingdom of peace
and justice where criminals cannot commit crimes.

I wait for days of peace,
a day when the lion and the lamb
can sleep together as friends,
showing us the way to live in fraternity.

A day when the mankind rack the weapons
and convert them in plover
to rebuild the Earth, under the supervision of God.
Is this a dream?

Jesús Visitando Nueva York

Gabriel Hernández López

Después de que Jesús sanó a la hija de Jairo Carbajal en Dyre Avenue, en el Bronx, decidió tomarse tiempo libre. Caminó hacía a la estación de trenes y cogió el tren número 5, pero aun cuando se trataba de su tiempo personal, gente de todo tipo de fondo lo seguía. "Tengamos un día de descanso juntos", dijo y se detuvo en el parque zoológico del Bronx. Todos los animales lo recibieron con reverencia ya que el Salmo 150 dice: "Todo lo que respira alabe al Señor." Los leones lo recibieron muy cortésmente, dándose cuenta de que él es el León de la tribu de Judá. Le preguntó a la gente: "¿Qué dice la gente acerca de mí?"

"Algunas personas dicen que eres Juan el Bautista; otros, Elías o algún profeta".

"Pero, ¿qué pensáis vosotros?"

"Tú eres el Cristo, el Lirio del Valle, el escogido entre diez mil, el Consejero, el Príncipe de la Paz, y el Hijo del Dios viviente."

"La bendición está sobre todos ustedes, encima de esa verdad están los fundamentos de mi Iglesia."

Pero la gente tenía hambre después de caminar 150 hectáreas, sin embargo, esta vez, los seguidores invitaron a Jesús a comer en una casa de comida. Pidió una hamburguesa y papas fritas con té helado de limón y pastel de manzana con leche de postre. Se tomaron un tiempo largo porque cinco mil personas llevan horas comiendo, pero su deseo de seguir a Jesús los hizo seguir comiendo mientras seguían adelante tras el Maestro. El partido estaba a punto de empezar, tenía que tomar el tren para llegar al Estadio de los Yankees porque Él fue invitado para el primer lanzamiento. Los trenes estaban llenos y ocupados en la avenida Third Avenue ya que la noticia sobre Jesús en el Bronx se difundió. Tuvieron un maravilloso día con el Señor durante el partido de béisbol.

"Jesús, ¿hacia dónde vamos ahora?" alguien pregunta.

"Vamos a casa, hasta Grand Central", dijo Jesús.

"¿Vives cerca de Times Square? Debe ser un departamento muy caro... "

"No, no lo es, no tengo casa".

"No tienes hogar? De ninguna manera, te pedimos que te quedes en cualquiera de nuestras casas." En el momento de la llegada, había mucha gente esperando a Jesús en la estación Grand Central, personas de Brooklyn, Queens, Staten Island – miles de personas. En ese momento, nadie en la calle podía entrar al Grand Central. Pero una señora, que tocó el borde del vestido de Jesús y recibió la curación, una vez más, encontró una manera de acercarse a él, pero esta vez, ella personalmente le dio un perfume muy caro, en agradecimiento por su curación.

Pero Jesús, caminando desde Lexington hacía la calle Forty-Second Street, tenía sed y encontró a una "baglady" tomando agua de una botella, y Jesús le preguntó: "¿Me puede dar de beber un poco de su agua?" Ella respondió: "¿Tienes alguna idea de quién soy yo? Ni siquiera tengo una taza para compartir agua contigo." Pero Jesús le dijo: "Si conoces el don de Dios y ves quién está pidiendo agua... " Y ella terminó: "Yo debería pedirte agua, porque tu agua me dará la vida eterna... Espera un momento, tú eres el Hijo del Dios viviente." Le dijo a Jesús, "Por favor, quédate aquí, me gustaría presentarte a todos mis amigos." Se olvidó su canasta y corrió en busca de sus amigos en Forty-Second Street y

Eighth Avenue. Rápidamente vinieron a encontrarse con Jesús y le preguntaron: "¿Puedes pasar un rato con nosotros?" Y él pasó un par de días con ellos. No pierdas la oportunidad de conocer a Jesús, es posible que él esté cerca de tu barrio, encuentralo e invitalo a cenar.

Jesus Visiting New York

Gabriel Hernández López

After Jesus healed the daughter of Jairo Carbajal in Dyre Avenue, the Bronx, he decided to take time off. He walked to the train station and took train number 5, but even as this was his personal time, people of all kinds of background were following him. "Let's have a day off together," he said and stopped at the Bronx Zoo. All the animals received him in reverence since Psalm 150 says, "Let everything that hath breath praise the Lord." The lions very politely received him, realizing he is the Lion of the tribe of Judah. He asked the folks, "What do the people say about me?"

"Some people say you are John the Baptist, others Elijah or any prophet."

"But, what do you think?"

"You are the Christ, the Lily of the Valley, the chosen among ten thousand, the Counselor, Prince of Peace, and Son of the living God."

"Blessing is upon all of you; over that truth are the foundations of my Church."

But the multitude felt hungry after walking 150 acres, however, this time, the followers invited Jesus for lunch, in a dinner house. He asked for hamburger and fries with lemon iced tea, and apple pie with milk for dessert. They took time because five thousand people eating takes hours, but their desire to follow Jesus made them keep snacking to keep going behind the Master. The game was about to begin, he had to take the train to get in the Yankees

Stadium because He was invited for the first pitch. The trains were full and busy on the Third Avenue since the news spread about Jesus in the Bronx. They had a wonderful time with the Lord during the baseball game.

"Jesus, where do we go next?" somebody asks.

"We are going home to Grand Central," Jesus said.

"Do you live close to Times Square? It must be a very expensive apartment . . ."

"No, it is not, I'm homeless."

"You are homeless? No way, we beg you to stay in any of our houses." At the time of the arrival, there were many people waiting for Jesus in the Grand Central Station from Brooklyn, Queens, even from Staten Island—thousands of folks. At that point, nobody in the street could enter the Grand Central. But a lady, who touched the edge of Jesus's cloth and received healing, again, found a way to get close to him, but this time, she gave him a very expensive perfume personally, in gratitude for her healing.

But Jesus, walking from Lexington to Forty-Second Street, was thirsty and found a Bag Lady drinking water from a bottle, and Jesus asked her, "Can I have some of your water?" She replied, "Do you have any idea who I am? I don't even have a cup to share water with you." But Jesus said to her, "If you know the gift of God and see who is asking for water . . ." And she finished, "I should ask for water from you, because your water will give me eternal life . . . Wait a minute, you are the Son of the living God." She said to Jesus, "Please stay here, I would like to introduce you to all my friends." She forgot the basket and ran, looking for her friends in Forty-Second Street and Eighth Avenue. They quickly came to meet Jesus and asked, "Can you hang out with us for a little while?" And he spent a couple of days with them. Do not lose the opportunity to meet Jesus; it is possible that he is close to your neighborhood, Find him and invite him for dinner.

Amigos

¿Quiénes son?

Ser amigo es mantener una relación con alguien quien es capaz de confiar en nosotros, pero también, nosotros que tengamos confianza necesaria para confiar en Él o Ella. Podría decir que un amigo puede convertirse en uno de nuestros familiares, con la diferencia de que fueron elegidos por nosotros. Tesoros pueden ir y venir, pero los amigos se quedarán para siempre. Un amigo es como una planta. Los amigos son como las cosechas, y como buenos agricultores, somos responsables de mantener viva la relación. La persona que tiene amigos debe mostrar a sí mismo/-a como un amigo, dando el respeto, el cuidado y el valor más importante, el amor. La amistad es una relación que no debe ser limitada por el tiempo como lo es la edad, un amigo podría ser un niño o un adulto de cualquier edad. Un amigo es muy valioso, pero no es necesario volverse millonario para adquirir muchos. Contamos con los valores personales: espirituales, éticas, estéticas, materiales, etc. Un buen amigo es capaz de compartir esos valores con nosotros, pero nosotros, como buenos amigos, debemos entender que ellos necesitan que les devolvamos la misma hospitalidad. Tenemos que dar el primer paso, compartiendo la bendición con nuestros amigos, sin esperar ningún tipo de recompensa o compensación, sin embargo, recibiremos los frutos de nuestras acciones.

Un amigo es solamente un ser humano, que comete errores, pierde la paciensia ,capaz de mentir, y peca contra nosotros. No somos una excepción. Nosotros también somos humanos y amigo de nuestro prójimo. Nosotros también cometemos errores. Veamos la oración de Jesús: "Y perdona nuestras ofensas como también nosotros perdonamos a todos los que han pecado contra nosotros" (Lucas 11:2). Debemos ser conscientes, a veces nuestros amigos nos defraudan, y debemos estar preparados para perdonarles, y verás que la relación se hará más fuerte, practica este principio del perdón, porque el amor rompe todas las barreras. Después de pecar contra un amigo, sólo se podría hacer una cosa, deberíamos pedirle perdón, pero no esperes demasiado tiempo para preguntar porque nuestra naturaleza tiene orgullo, y podría ser más difícil después. Sé que cuando peco contra mi prójimo, inmediatamente debería decir: "perdón." Y esa persona estará más dispuesta a aceptar la disculpa incondicionalmente.

¿Dónde están?

A veces no podemos controlar la distancia geográfica de los mismos. Pueden tener necesidades como trabajar en un lugar diferente, lejos de la vecindad. Es triste cuando se van y pierden contacto con nosotros, pero aún en nuestra memoria queda el deseo de tener una reunión de nuevo. Yo tengo una reunión todos los días con mis amigos en mi mente, traer buenos recuerdos a la mente es como la repetición de aquellos días de mi vida. Incluso de aquellos que fallecieron guardo buenos recuerdos. Recordar es vivir. No están lejos, viven en mi corazón. Un amigo a quien no he hablado por más de treinta años, dijo, después de una larga conversación en una sala de chat, "Me siento como si estuviéramos separados por sólo cinco minutos." El gozo de estar en contacto y la conversación interesante hizo agradable a este momento a pesar de que ya habíamos hecho nuevos amigos. Encontramos amigos en cualquier lugar. Hay ángeles, pero no necesariamente en los lugares sagrados.

Tipos de ellos

*L*os mejores amigos, los buenos amigos, y los amigos son las tres categorías. Considero que los amigos de mis amigos, son también mis amigos. Esto también abre una categoría de un amigo, buenos amigos o mejores amigos. ¿Tengo que conocer bien a esa persona para que se convierta en un amigo? Me gustaría hacerlo, pero no necesariamente; en cada uno de ellos se podría confiar hasta un límite. No tenemos que decir a nadie: "Yo confío en ti hasta un límite". Pero la confianza es un elemento que cada persona obtiene a través de sus acciones. Hay que evitar términos como "un conocido" delante de la gente.

Por ejemplo: "Quiero presentarles a un conocido." Eso no es de buena educación en nuestra sociedad. Tal vez podamos decir: "Voy a presentarles a un nuevo amigo. Su nombre es. . . " No te olvides de su nombre. Una buena práctica es pedir el apellido, de donde él o ella viene, y si tienes una idea de las experiencias del nuevo amigo, habla sobre eso. Aceptas a alguien como amigo, pero esa persona no te considera como amigo todavía. Por lo general, los amigos de tus amigos podrían ser considerados en la categoría de amigo. Literalmente aceptaste, y estás trayendo una bendición para esa persona. Cuando él o ella te acepta, es un buen amigo entonces, pero los mejores amigos son muy especiales. Ellos son parte de nuestra vida y compartieron con nosotros sus momentos felices y tristes. He oído de un escritor cubano, Jacinto Abram, que "El amigo es quien te visita en el hospital o en la cárcel." Es fácil compartir buenos momentos con alguien, pero cuando alguien está necesitado, sólo los mejores amigos están cerca.

Los mejores amigos te mantienen alejado de los problemas, incluso cuando no estamos de acuerdo, no nos permiten tomar decisiones equivocadas. Sufren cuando los ignoramos porque quieren lo mejor para nosotros. A veces no nos gusta escuchar a ellos, pero ellos insisten y hacen todo lo posible para convencernos, tratando de cambiar nuestra mente. No te rindas, no permitas a tus amigos a tomar una decisión equivocada. Si no lo detienes tú, ¿quién lo hará? Y deberíamos estar agradecidos por todas las cosas buenas que ellos hacen por nosotros, incluso si no estamos de acuerdo.

Tomando el camino equivocado

A veces eligieron tomar la decisión equivocada como el alcohol o abuso de drogas, el suicidio, el robo, etc. Por supuesto, nunca vamos a estar de acuerdo con esas decisiones, pero es nuestra misión como amigos para detenerlos. Ese es el momento en el que nos necesitan más. Bajo ninguna circunstancia debemos estar de acuerdo con su decisión, salva a tu amigo. No hay tiempo que perder. Cuando alguien está pensando en suicidarse, habla constantemente con él o ella y encuentra una ayuda profesional para salvar su vida. Debemos hacer lo mismo cuando están involucrados en las adicciones, incluido los juegos de azar. Necesitan que alguien los rescate de inmediato, pero sólo los amigos extenderán sus manos para ayudarles. Tenemos que ver el problema como enfermedades muy peligrosas y contagiosas. Tenemos que ser fuertes y firmes para sacarlos de ese hoyo terrible, evitando caer con ellos.

Un buen amigo nunca te invitará a participar en actividades ilegales. Rechaza la oferta y recuerda a esa persona que tu relación de amistad se basa en el respeto, y dile a tu amigo que no lo haga.

Friends

Who Are They?

Being a friend is keeping a relationship with someone who is able to trust us, but also, we have the confidence to trust Him or Her. I could say that a friend can become one of our relatives, the difference being they were chosen by us. Treasures may come and go, but friends will stay forever. A friend is like a plant. Friends are like crops; and as good farmers, we are responsible to keep the relationship alive. The person who has friends should show

Himself or Herself as a friend; giving respect, care, and the most important value, love.

Friendship is a relationship which should not be limited by time like age; a friend could be a kid or adult of any age. A friend is very valuable, but we do not need to become millionaires to acquire many. We possess personal values as spirituals, ethical, esthetics, materials, etc. A good friend is able to share those values with us, but we, as good friends, should understand their need for us to reciprocate their hospitality. We should move first, sharing the blessing with our friends, not expecting any kind of reward or compensation, however, we will receive the fruits of our actions.

A friend is only human, who makes mistakes and errors, loses temper most of the time, lies, and commits sins again us. We are not an exception. We are also human and friends of our neighbors. We also commit faults. Let us see the prayer of Jesus,

"And forgive us our sins as we forgive everyone who sin against us" (Luke 11:2). We must be aware, sometimes our friends let us down, and we must be ready to forgive them, and you will see the relationship will get stronger, practicing this principle of forgiveness because love breaks all barriers. After we sin against a friend, only one thing could be done, we should ask for forgiveness, but do not wait too long to ask because our nature has pride, and it could be more difficult later. I know that when I sin against my neighbor, I should immediately say, "I apologize." And that person will be most willing to accept unconditionally.

Where Are They?

*S*ometimes we could not control the geographical distance of them. They may have some needs like, working in a different location far away from the neighborhood. It is sad when they go and lose contact with us, but still in our memories is the desire to have a reunion again. I have a reunion every day with my friends in my mind, bringing good memories is like repeating those days in my life. Even those who passed away, I recall good memories. Remembering is to live. They are not away, they live in my heart. A friend whom I have not talked with for more than thirty years, said, after a long conversation in a chat room, "I feel like we were apart for only five minutes." The joy of keeping in touch and the interesting conversation made it pleasurable even as we had already made new friends. We find friends anywhere. There are living angels, but not necessarily in holy places.

Kinds of Them

$\mathcal{B}$est friends, good friends, and friends are the three categories. I consider the friends of my friends, friends as well. That also opens a category of a friend, good friends or best friends. Do I need to know that person well to become a friend? I wish I do, but not necessarily; each of them could be trusted to a limit. We do not have to offset anyone saying, "I trust you to a limit." But trust is an element which each person gains thru their actions. We must avoid terms like "known person" in front of people.

For example, "I want to introduce to you a known one." That is not polite in our society. Maybe we can say, "I will introduce to you a new friend. His or Her name is . . ." Do not forget the name. A good practice is asking for the last name, where He or She comes from, and if you have an idea about that new friend's background, talk about that. You accept somebody as friend, but that person does not consider you as friend yet. Usually, friends of your friends could be considered in the category of friend. Literally you accepted, and you are bringing a blessing to that person. When he or she accepted you, that is a good friend, but the Best Friends are very special. They are part of our life and shared with us the happy times and their sad ones. I heard from a Cuban writer, Jacinto Abram, that "The friend is the one who visits you at the hospital or to the jail." It is easy to share good times with someone, but when someone is in need, only best friends get close.

Best friends keep you out of trouble, even if we disagree, they do not allow us to make wrong decisions. They suffer when we ignore them because they want the best for us. Sometimes we do not like to listen to them, but they insist and do their best to convince us, trying to change our mind. Do not give up, do not allow your friends to take the wrong decision. If you don't stop your friend, who will? And we should be thankful for all good things they do for us even if we do not agree.

Taking the Wrong Turn

*S*ometimes they chose to make the wrong decision like, alcohol or drug abuse, committing suicide, stealing, etc. Of course, we will never agree with those decisions, but it is our mission as friends to stop them. That is the time when they need us the most. Under no circumstances should we agree with their decision, save your friend. There is no time to waste. When someone is thinking of committing suicide, speak constantly with Him or Her, and find professional help to save His or Her life. We must do the same when they are involved in addictions, including gambling. They need somebody to rescue them immediately, but only friends will extend their hands to help them. We have to see the problem as very dangerous and contagious diseases. We need to be strong and firm to pull them out from that terrible hole, avoiding falling down with them.

A good friend will never invite you to participate in illegal activities. Reject the offer and remind that person that your friendly relationship is based on respect, and tell your friend not to do it.

Gabriel Hernández López

Nací en la Ciudad de Humacao, Puerto Rico, un 29 de agosto de 1953 y me acompañaron muchas responsabilidades al nacer. Soy hijo de Don Esteban Hernández Reyes (Binso) y Doña Mercedes López Rivera. Hijo de centro, lo que me hizo responsable por los actos de mis hermanos ya que soy el mejor amigo de mi hermano mayor Gregorio, además de ser el mejor amigo de mi hermana Mayra. Siempre se me demandaba, ¿dónde está tu hermano o hermana? ¿Por qué... tu hermano o hermana...? Y cuando armaban un lío era a mí que se le preguntaba cuál fue el motivo. Y como si fuera poco, soy hijo de un Padre de centro, también nieto de un Abuelo de centro. Eso me hizo adquirir una independencia la cual hasta hoy ejecuto. Mis hijos crecieron también capaces de desenvolverse con esa virtud. Aún el benjamín, Felipe, que cuenta con solo 8 años no se encomienda a nadie para tomar sus propias decisiones. El pasado invierno llevó su trineo a la escuela para aprovechar una gran nevada y ninguno en casa se enteró del suceso, hasta que su maestra envió una nota la cual decía: "hagan el favor de no traer trineos al salón de clase". Mi hijo Ricardo, a la temprana edad de 8 años, compuso su primer poema donde encuentra a Dios en un vertedero de chatarra y mi hija Cibelle fue premiada cuando actuó en su propio monólogo, Los Buitres, en la ciudad de Baumholder, Alemania.

Mi niñez la pasé en el cañaveral, como digo en mi poema Humacao, el pueblo estaba rodeado de grandes cañaverales ya que el valle de Humacao era una pequeña Brasilia. A veces sentía envidia de mis amiguitos que vivían vecinos al cañaveral pues ese era el patio de su casa y con tan solo salir llegaban al punto de reunión. Ese fue el parque de diversiones, un área verde que conectaba con la Quebrada de los Muertos, un riachuelo de agua totalmente cristalina donde pescábamos camarones, el guayabal y las malangas, donde se encontraba la antena de Radio WALO; hoy día el Estacionamiento Municipal.

La televisión no era muy interesante, la radio sí lo fue, con una programación variada y al faltar el factor visual desarrollo más nuestra imaginación. Escuchábamos música y eventos deportivos, veía a los atletas destacarse en mi imaginación; así muchos atletas desarrollaron su propio estilo. Salíamos de la escuela directo al Placer que, poco a poco, fueron eliminando del sector, hoy día es el Centro Gubernamental. Aunque era un sector humilde, salieron personas ilustres de ese lugar, entre ellos conozco un dentista, deportistas, artistas, un alcalde, ejecutivos de banco, un párroco, etc. Recuerdo una tarde que los hermanos Rosas, más bien conocidos como hijos de Tito Nam; Cano, Chegüi y Mane, me atrincheraron cerca de la ebanistería de Luis González para ver un espectáculo en vivo. Una pelea en el bar en el mismo corazón del Placer. Intentaba levantarme para tener mejor vista del espectáculo, pero los hermanos Rosas con sus cuerpos evitaban que me levantara, ya que las piedras volaban cerca de nosotros. Quién pensaría que un niño de 7 años estaría presente en un evento como ese. También vi como Mario Reyes traqueaba los gallos, como afilaba las espuelas y como los recortaba; como Manolo criaba los gallos de los Roig. De él aprendí que lo primero que se le enseña a un gallo es a no saltar la valla, de aquí compuse el poema a mi hijo Ricardo *Batalla Contra el Tiempo*, "mantente luchando en valla, ya que aquel que la brinca se juye". Recuerdo a Chuito Sánchez, hijo de Galaor, quien peló 7 cabros en un solo día, allí en el Placer. Güi, el hijo de Andrés Limber, era el único herrero de allí y su padre, cómo trabajaba en cualquier cosa que se le presentara, lo vi incendiar una hoguera para preparar carbón. Recuerdo que su hijo Pérez y yo le ayudamos a recoger el carbón de aquel arenal.

No existían parques, jugábamos béisbol en la calle del Fuego, la Dufresne, ya que no habían muchos automóviles, cuando uno se aproximaba suspendíamos el juego hasta que pasara. La policía nos regañaba, pero era uno de los pocos lugares en que podíamos jugar y el parque Jacinto Hernández nos quedaba lejos, éramos muy chicos para caminar solos. Cada vez que talaban un lugar, como lo fue el Campito, donde está la escuela Rufino Vigo, ahí jugábamos. Cuando eliminaron el Placer y lo talaron, no tan solo jugábamos béisbol, sino que también tuvimos un equipo de lucha libre. Recuerdo que portamos sacos de aserrín de la ebanistería de Luis González para construir el rin de lucha, con tan mala fortuna que alguien descubrió que a las vacas les encantaba reposar allí. Viví una infancia sin juegos de video y aunque tenía mi propio guante de béisbol, tuvimos que improvisar nuestros propios juguetes. También hacíamos nuestros propios negocios, como vender el periódico, uvas de playa, dulces de coco, etc. Recuerdo mi primo Edwin, el Gallo Torres, campeón de ciclismo, construía cometas y las vendía a 5 centavos; a él le cambié un boleto para el carrusel por una de ellas.

Hoy día existen mejores facilidades y parques, pero las áreas verdes van despareciendo. Existían temporadas para jugar, los patines comenzaban un poco antes de la Navidad hasta las fiestas de Reyes. Luego durante la Cuaresma elevábamos las cometas que construíamos con papel de la Panadería Suarez, hoy Vega, y varillas de pencas de palma. Después del domingo de Pascuas no más cometas, sino trompos hasta que comenzara la temporada de playa. Mi madre nos decía algo que mi abuelo, como buen marinero, le enseñó: "meses sin R significa temporada de baños de mar, así que de mayo a agosto a la playa". Luego en octubre la safra comenzaba nuevamente y de vuelta al cañaveral.

Es de ahí que traigo el personaje de Pablo, el cual era el capataz de los cañaverales de Humacao. Cumplió su misión hasta el día que desmontó su caballo. Nunca lo vi desmontado hasta 20 años más tarde, cuando se jubiló. Hoy día estoy muy agradecido a él, ya que lo único que le preocupaba era que alguno de nosotros tuviese un accidente en el cañaveral. Le teníamos un gran respeto y temor, porque con su mirada bastaba para mantenernos a raya. Nació para mandar, al igual que su hija, la cual fue una gran oficial de la Policía de Humacao, heredó la autoridad de su Padre. Cuando nos dábamos el chapuzón en la represa de la Central Ejemplo allí lo encontrábamos. Un día, ya adolecentes, nos encontró pescando en el cañaveral cerca de las Ochentas, pero ya entendíamos cual era su labor y nos dijo "¡que lejos ustedes han venido a pescar...! ... y todos son de buenas familias, sigan pescando, pero no hagan daño al cañaveral". Le dimos las gracias y fue la última vez que Pablo intervino con nosotros.

Al cabo de los años nos desbandamos, unos decidieron continuar en el deporte, otros devotos a los estudios y otros, incluyendo a mis hermanos, decidimos el arte, específicamente la música. A nuestros comienzos recibimos una educación musical elemental con el Maestro Nito Duclerc y en las tardes con el Maestro Cheo Ríos. Luego el Maestro German Peña Plaza regresó a nuestra ciudad y fundamentamos lo que aprendimos con estos maestros. Diría que recibimos una educación musical secundaria con él; mis hermanos y yo también fuimos miembros de la Banda Municipal de Humacao. De ahí continué hacia la Escuela Libre de Música de Humacao, de la cual soy pionero; de esa escuela recibí un gran conocimiento de la Teoría Musical y Armonía. De mi conocimiento rítmico utilizo las bases para cuando la métrica en mis poemas falla. El Maestro Peña fue el primero que me explicó como componer. La música es combinar bien los sonidos con el tiempo, es matemática aplicada en la física; por esos motivos hay palabras que no caben en la métrica musical; cuando eso sucede recurro al ritmo para colocar un vocabulario específico.

German Peña fue un maestro en todos los sentidos de la palabra y yo fui uno de sus discípulos. Estuve con él casi todos los días de mi adolescencia y cuando no lo buscaba llegaba a mi casa para buscarme. Era el fantasma que aparecía en las noches para asegurarse que no anduviésemos en malos pasos. Siempre será mi maestro y vivo bajo su Filosofía ya que el maestro insiste en que el discípulo logre sus metas, aunque alcance un nivel superior al suyo propio. Además de tocar en su banda también me dio la oportunidad de tocar en su Orquesta Antillana. Al principio le hacía coro al cantante Héctor Cabrera, conocido como "Cabrerita", y luego toqué el Bongó por poco tiempo. Cabrerita mismo me contó la historia de la quemada del colchón en la cárcel "Chiquita", hoy Asilo Simonet, de ahí me inspiré para escribir *El Hotel del Pueblo*.

Dejé mi pueblo con mucho dolor, ya que no pude someterme a la voluntad de los "Padrinos", en este caso muchos políticos. Soy tan independiente que no fui capaz de conseguir cartas de "Padrinos" para conseguir un empleo digno. Muchos se sometieron a ese método y hoy me dan lástima, ya que son como las olas del mar, van y vienen. Otros por dignidad no se sometieron a su voluntad y pagaron un alto precio, a ellos, incluyendo a mis hermanos, va mi mayor respeto, ya que por sus méritos escalaron altas cimas. Posiblemente sin ese obstáculo de la falta de "cartitas" hubiesen alcanzado metas más altas. Mis méritos se los debo a Dios, a mis maestros y a las plegarias de mis amigos, ya que sin ellos mis pies nunca me hubiesen llevado al lugar donde ahora estoy.

Gabriel Hernández López

I was born in the city of Humacao, Puerto Rico, August 29, 1953 and accompanied by many responsibilities at birth. I am the son of Don Esteban Hernández Reyes (Binso) and Doña Mercedes López Rivera. Son of the middle, which made me responsible for the actions of my siblings, since I'm the best friend of my older brother Gregory, besides being the best friend of my sister Mayra. I was always asked, where is your brother or sister? Why ... your brother or sister ...? And any time they got themselves into trouble, it was me who was asked what was the reason. And last but not least, I am the son of a father of the middle, also the grandson of a Grandfather of the middle. That made me gain an independence that I also implement nowadays. My children also grew able to cope with this virtue. Even the youngest, Felipe, who is only 8 years old, does not entrust anyone to make his own decisions. Last winter, he took his sled to school to enjoy a heavy snowfall and none at home found out about the incident until his teacher sent a note which was saying: "Please, do not bring the sled to the classroom." My son Ricardo, at the age of 8, composed his first poem that he finds God in a scrap dump and my daughter Cibelle was rewarded when she starred in her own monologue, "The Vultures", in the town of Baumholder, Germany.

I spent my childhood on the sugar-cane plantation, as I say in my poem Humacao, the town was surrounded by big reedbeds, as the valley of Humacao was a small Brasilia. Sometimes I was jealous of my friends who lived as neighbors to reedbeds, since it was the courtyard of their house and just coming out they arrived to the venue. That was the theme park, a green area that was connecting with the Quebrada de los Muertos, a fully crystalline water stream where we were fishing shrimp, guava and malangas, where there was the antenna of the radio WALO; Municipal Parking Lot today.

The television was not very interesting, the radio instead it was, with a varied program and missing the visual factor developed more our imagination. We listened to music and sporting events, I was seeing athletes standing out in my imagination, many athletes developed their own style like that. We were going out from the school and heading directly towards the Pleasure, which little by little, was being eliminated from the sector and today it is the Government Center. Though it was a humble sector, famous people came out of that place, among them a dentist, athletes, artists, a mayor, bank executives, a pastor, etc. I remember one afternoon when the brothers Rosas, better known as sons of Tito Nam; Cano, Chegui and Mane, entrenched me close to the cabinetmaker's of Luis González to see a live show. A bar fight in the heart of Pleasure. I was trying to get up to get a better view of the show, but the brothers Rosas wouldn't let me do it blocking out the view with their own bodies, since the stones were flying around us. Who would think that a 7-year-old child would be present at such an event. I also saw how Mario Reyes was creaking the roosters, sharpening the spurs and cutting them out; how Manolo was breeding the roosters of the Roig. From him I learned that the first thing you have to teach a rooster is not to jump the fence, hence the poem I wrote to my son Richard "Battle against time", keep fighting on the fence, as the one who jumps it, runs away". I remember Chuito Sanchez the son of Galaor, who peeled 7 goats in one day, there at the Pleasure. Güi, the son of Andrés Limber, was the only blacksmith there and his father, as he worked on anything that came before him, I saw him setting fire to the bonfire to prepar coal. I remember that his son Pérez and I helped him pick up the coal from that sandy area.

There were no parks, we were playing baseball on the street of Fire, Dufresne, since there were not many cars, when one was approaching we were stopping the game until it passed. The Police was scolding us, but it was one of the few places where we could play and the Jacinto Hernández park was far away, we were too young to walk alone. Every time they were cutting down a place, as the Campito for example, where Rufino Vigo school is, we were playing there. When they cut down the Pleasure and removed it, we were not only playing baseball, but also had a wrestling team. I remember that we carried sacks of sawdust from the cabinetmaker's of Luis González to build the wrestling ring, with such bad luck that someone discovered that cows loved relaxing there. I lived a childhood without video games and even I had my own baseball glove, we had to improvise our own toys. We were also doing our own businesses, such as selling newspapers, sea grapes, coconut sweets, etc. I remember my cousin Edwin, the Gallo Torres, cyclist champion, was making the kites and selling them for 5 cents, I changed him a ticket for the carousel for one of them.

Nowadays, there are better facilities and parks, but the green areas are disappearing. There were seasons to play, the rollerskating began just before Christmas until Epiphany. Then during Lent we were flying the kites that we were making with paper from Suarez Bakery, Vega today, and rods from palm fronds. After Easter Sunday no more comets, but spinning tops until beach season began. My mother was telling us something that my grandfather, as a good sailor, taught her: "months without R mean sea bathing season, so from May to August at the beach." Then in October the season for cutting the sugarcane was starting again and back to the reedbeds.

It is from there that I bring the character of Paul, who was the foreman of the reedbeds of Humacao. He fulfilled his mission until the day he dismounted his horse. I never saw it dismounted until 20 years later, when he retired. Today I am very grateful to him, because all he cared about was that one of us had an accident in the reedbed. We had a great respect and fear for him because his gaze was enough to keep us in line. He was born to rule, like his daughter, who was a great police officer of Humacao, she inherited her father's authority. When we were having a dip in the dam of the Central Ejemplo, he was there. One day, as teenagers, he found us fishing in the reedbed near Los Ochenta, but we already understood what his work was and he said to us "you have come that far to fish ...! ... And all are of good families, continue fishing, but do not harm the reedbed." We thanked him and it was the last time that Paul intervened with us.

Over the years we ran off in all directions, some decided to continue in the sport, others devoted to studies and others, including my brothers, decided the arts, specifically music. Initially, we received a musical education with Master Nito Duclerc and in the evenings with Master Cheo Ríos. Then the Master German Peña Plaza returned to our city and we backed up what we learned with these teachers. I would say that we received a secondary music education with him, my brothers and I were members of the Banda Municipal of Humacao. From there I continued to the Music School of Humacao, of which I am a pioneer, that school gave me a great knowledge of music theory and harmony. From my rhythmic knowledge I use the foundation when the metrics fail in my poems. Master Peña was the first who taught me ho to compose. The music is combining well the sounds with time, it is mathematics applied in physics, for these reasons, there are words that do not fit into the musical metrics, and when that happens I resort to the beat to place a specific vocabulary.

German Peña was a teacher in every sense of the word and I was one of his disciples. I was with him almost every day of my teenage years and when I wasn't looking for him, he was coming to my house looking for me. It was the ghost that was appearing at night to make sure we weren't doing bad things. He will always be my teacher and I live under his Philosophy, since the teacher insists that the disciple achieves their goals, even if they reach a higher level than his own. Besides playing in his band, he also gave me the opportunity to play in his Antilles orchestra. At first I was choir singer for Héctor Cabrera, known as "Cabrerita" and then played Bongo for not a long time. Cabrerita himself told me the story of the mattress burning in jail "Chiquita", Asylum Simonet today, hence I was inspired to write "The Town's Hotel.

I left my people in pain, since I could not submit to the will of the "Godfathers", in this case many politicians. I'm so independent that I was unable to get letters of "Godfathers" to get a decent job. Many were subjected to this method and today I feel sorry for them, because they are like the waves of the sea, come and go. Others did not submitted to his will for dignity and paid a high price, for them, including my brothers, is my greatest respect, as for their merits they climbed high peaks. Possibly without that obstacle of the lack of "little notes" they would have achieved higher goals. My merits I owe to God, to my teachers and the prayers of my friends, because without them my feet would never led me to the place where I am now.

De Cibelle Hernandez Arocho

El tiempo fluye por la curvatura de la tierra,
deja huellas a su paso.
Es extraño,
...Qué cambia y qué se mezcla.
Las líneas que recordamos,
las que olvidamos.
compartimos tiempo,
Sólo para abrirlo
y lanzar esos recuerdos.
Luchando y empujando
anhelamos volver.
A los buenos tiempos.
Momentos felices.
De inocencia.
Sólo para tener recuerdos
que agarramos con nuestros gruesos dedos.
Mientras fluimos
por el río del tiempo.
Recordaré...
Lo bueno y lo malo.
Pero aprovecharé
hasta desembarcar.

No de las peleas.
Ni la distancia tranquila.
Aprovecharé las historias.
Los juegos.
Y los gestos de las manos.
Mientras que el tiempo te alcanza
y te ralentiza.
Todavía recordabas
sólo para dormirte
sobre suelo de piedra.
Recuerdo la orientación,
las luchas
y tus consejos.
Pero hoy te recordaré a ti
En tu mejor luz.
Un Poeta, Músico un Soldado.
Un extraño compañero de juegos y un buen amigo.
Feliz cumpleaños padre,
¿podemos tener muchos años?
Para reír y compartir,
Antes que nuestro termine
Nuestros barcos desembarquen,
En esa orilla distante pero bella...

Ver más—Con Gabriel Hernández López.

By Cibelle Hernandez Arocho

Time flows down to the curvature of the earth,
leaves behind imprints.
It is strange,
...What blends and what changes.
The lines we remember,
the ones we forget.
we share time,
Only to spit it open
and spew those memories apart.
Fighting and pushing
we yearn to return.
To good times.
Happy times.
Innocence.
Only to have memories
which we grasp between our coarse fingers.
As we flow
down the river of time.
I'll remember...
The good and the bad.
But I'll grasp
until I disembark.

Not of the fights.
Nor of the quiet distance.
I'll grasp the stories.
The games.
The hand waves.
As time grasped you
and slowed you down.
You still remembered
only to fall asleep
on stone ground.
I remember the guidance,
the struggles
and your advice.
But today I'll remember you
In your best light.
A Poet, Musician a soldier.
A strange playmate and a good friend.
Happy Birthday Father,
may we have many years?
To laugh and to share,
Before our journey ends
Our boats disembarking,
Upon that shore distant yet so fair...

See More—with Gabriel Hernandez Lopez.